Die schönsten
Weindörfer Frankreichs

© Archipel studio, 2005
Hergestellt von Archipel studio

Alle Rechte vorbehalten.
Nachdruck, auch auszugsweise,
nur mit Genehmigung des Verlags.

© Kubik/RvR, 2005, für diese Ausgabe
RvR Verlagsgesellschaft
Schulstr. 64
D-77694 Kehl
info@rvr-verlag.de

Die Originalausgabe erschien 2002
unter dem Titel *Les plus beaux villages de France*
bei Archipel studio/Flammarion, 2002

Herausgeber : Jean-Jacques Brisebarre

Grafische Gestaltung : Thomas Brisebarre

Redaktion : Juliette Neveux, Céline Quétier

Übersetzung: Ulrike Lowis

Projektkoordination: Ruth Mader

ISBN: 3-938265-03-5

Druck März 2005
Gedruckt in Italien

François Morel

Die schönsten
Weindörfer Frankreichs

KUBIK/RvR

ÄRMELKANAL

Reims
Épernay •
Hautvillers • • Ay

Metz

PARIS

Montmartre

STRASBOURG

Riquewihr
Kientzheim
Colmar
Eguisheim

Seine

Marne

Seine

Les Riceys

Cheverny

Savennières

Ancenis

Angers
Tours Vouvray
Azay-le-Rideau
Saumur
Chinon

Beuvron

Loire

Auxerre
Irancy

Chablis

Sancerre

Vézelay

Dijon

Vougeot
Beaune

Pernand-Vergelesses
Arbois

Châte{-Chalon

Armançon

Saône

NANTES

Sèvre Nantaise

Cher

Indre

Yonne

Châlon-sur-Saône

ATLANTIK

Vienne

Saint-Pourçain-sur-Sioule

Loire

Mâcon
Solutré-Pouilly
Cerdon

Vaux-en-Beaujolais
Oingt

LYON

Chignin
Arbin

Vienne
Condrieu

Charente

Sioule

Allier

Margaux • Blaye
Fronsac
BORDEAUX • Libourne
Saint-Émilion   Bergerac
Sauternes • Saint-Macaire

Isle

Dordogne

Cahors

Lot

Valence

Montélimar

Grignan
Séguret
Gigondas
Châteauneuf-du-Pape
Ménerbes
Bonnieux

Orange

Avignon
Nîmes

Saint-Roman-de-Bellet
Nizza

Aveyron

Garonne

Tarn

Gaillac

Madiran

Pau

Irouléguy

Gave du Pau

Garonne

Toulouse

Roquebrun
Montpellier

Béziers

Minerve

Lagrasse

Les Baux-de-Provence

Aix-en-Provence

Brignoles
Toulon

MARSEILLE
Cassis

Aude

Durance

MITTELMEER

Collioure
Banyuls

Patrimonio

BASTIA

• Im Buch genannte Weinorte

Größere Städte der Region

Weinregion

Inhalt

Einleitung

Wein ist seinem Wesen und der Definition nach ein Produkt seines Terrroirs, also seiner Herkunft – dies gilt zumindest für guten Wein. Das Prinzip der französischen Appellationen (Ursprungsbezeichnungen) ist im Begriff der Herkunft, in der außergewöhnlichen Vielfalt der Regionen mit ihren klimatischen, geologischen und kulturellen Eigenheiten tief verwurzelt. Die französischen AOCs (Appellation d'origine contrôlée) bilden eine Symphonie aus Dörfern – kleinen Weilern oder größeren Marktflecken – mit wohlklingenden Namen, typischer Architektur und alten Traditionen: Stadtbild, Siedlungsweise und Gebäude offenbaren dem Besucher, dass Wein nicht nur ein Erzeugnis aus der Weinrebe ist, sondern sich in ihm Geschichte, Lebensart und ein gemeinsames Schicksal vereinen. Es genügt, die Straßen von Eguisheim oder Kientzheim, von Irancy oder Pernand-Vergelesses, von Margaux oder Saint-Émilion, von Grignan oder Châteauneuf-du-Pape, von Minerve oder Collioure zu durchstreifen, um die ausgeprägte Identität der Weine aus dem Elsass, dem Loire-Tal, aus Burgund, dem Bordelais, dem Rhône-Tal oder dem Languedoc-Roussillon zu spüren, bevor man sie im Keller eines Winzers kostet.

Die hier vorgestellten Dörfer verkörpern den Weinbau in ihrer Region, mit ihnen verbinden sich Geruch und Geschmack des Weines. Ausgewählt wurden sie wegen ihrer Individualität und ihres repräsentativen Charakters für die Weinherstellung. Sie zeichnen eine Geographie der Provinzen, eine Kartographie der Seele des Weines. Den feinsten und flüchtigsten Empfindungen geben sie ein Gesicht und bereichern die Erinnerung desjenigen, der liebt, was gut und schön ist ...

Eine Reise durch die französischen Weinbaugebiete

Diese Reise durch die französischen Weinbaugebiete beginnt in Paris, denn einst war die Île-de-France eine der wichtigsten Weinregionen Frankreichs. Weiter führt sie quer durch die Provinzen, entlang den Hängen, Tälern und Flüssen, über Plateaus und durch Ebenen – überall dorthin, wo es den Menschen im Laufe der Jahrhunderte gelungen ist, die perfekte(n) Rebsorte(n) für ihre Terroirs zu finden.

So geht es durch die weiten Landschaften der Champagne und die sanften Hügel des Elsass, durch das Mosaik der Lagen von Burgund und die sattgrünen Dörfer des Beaujolais, der karge Jura und die Täler von Savoyen, entlang den weiten Ufern der Rhône und durch die sonnenverwöhnte Provence, vorbei an den Steilhängen des Languedoc und des Roussillon. Weiter geht die Reise durch die Ausläufer der Pyrenäen und die charakteristischen Landschaften des Südwestens, über die eleganten Hügel des Bordelais, durch die lichtdurchfluteten Loire-Landschaften und das bäuerliche Zentralfrankreich bis nach Saint-Pourçain-sur-Sioule, eine der erstaunlichsten unter den historischen Weinlagen ...

In einer großen Spirale zieht es uns in den Strudel von Rebsorten, großen und weniger bekannten oder gar seltenen Namen. Deren Wein trägt das Geheimnis der Landschaft, in der sie wachsen in sich. Denn, so erinnert uns Collette, „die Weinrebe und der Wein sind große Mysterien. Doch im Pflanzenreich offenbart uns die Rebe den wahrhaftigen Geschmack der Erde", jener Erde, von der jedes Dorf ein unverwechselbarer Teil ist.

Mit seinen außergewöhnlichen Weinbergen verkörpert das gleichermaßen bescheidene wie berühmte Dorf Château-Chalon den Reichtum der französischen Terroirs.

Montmartre

PARIS

Eine Weinbruderschaft aus Angers am Weinberg von Montmartre. Anlässlich eines Weinfestes stattet sie ihren Kollegen in Paris einen Besuch ab.

Betrachtet man heute den Montmartre mit seinen gewundenen, von zahlreichen Geschäften gesäumten und Touristen überlaufenen Gassen, die nach Sacré-Coeur und zur Place du Tertre führen, so kann man sich kaum vorstellen, wie es dort vor der Eingemeindung in das 18. Pariser Arrondissement im Jahr 1860 aussah. Einzig im Clos Monmartre, im Jahr 1933 von der Stadt Paris erworben und wieder in einen Weinberg verwandelt, lebt die Vergangenheit fort.

Die Pariser Weine

Zum Clos Montmartre, dem lange Zeit einzigen Pariser Weinberg, haben sich inzwischen weitere Weinberge gesellt: der Clos des Morillons im Parc Georges-Brassens (15. Arrondissement) am ehemaligen Standort der Schlachthöfe von Vaugirard, wo seit 1983 Pinot Noir wächst, der Weinberg im Park von Bercy, 1996 dort angelegt, wo sich die berühmten Weinlager befanden (12. Arrondissement), und schließlich hoch über der Stadt der Weinberg im Park von

Belleville (20. Arrondissement). Auch in der Île-de-France entstehen nach dem Clos du Pas Saint-Maurice in Suresnes, dem größten und „ernstzunehmendsten" Weinberg und dem Weinberg von Argenteuil immer neue Weingärten. Seit 2000 gibt es dort sogar eine Winzervereinigung, in der die Produzenten von jährlich etwa 30 000 Flaschen dieser „historischen" Weine zusammengeschlossen sind.

Die Pariser Weinsorten

Wie in vielen an Paris angrenzenden Dörfern gab es in Montmartre früher zahlreiche Weinberge, und sein Wein erfreute sich seit dem Beginn des Mittelalters großer Beliebtheit. Der Rebensaft verfügte offenbar über sehr erstaunliche Eigenschaften: „Das ist Wein aus Montmartre, wer davon eine Pinte trinkt, pinkelt eine Quarte!" Man bedenke, dass im 17. Jahrhundert, als diese Redensart entstand, eine Pinte 0,93 Liter umfasste und eine Quarte 67 Liter ... Weinberge, kleine Häuser, Gärten und Mühlen prägten die Landschaft. Eigentlich waren damals alle Hügel von Paris und der Île-de-France mit Wein bepflanzt und bildeten eines der größten Weinbaugebiete Frankreichs, das von der Montagne Sainte-Geneviève bis nach Vaugirard, von Belleville und Charonne bis nach Suresnes und Argenteuil reichte. Schließlich zerstörten Rebkrankheiten, der Ausbau des Schienenverkehrs und insbesondere die Ausweitung des Stadtgebietes dieses Weinbaugebiet, von dem im 20. Jahrhundert aus nostalgischen Gründen ein winziger Teil rekultiviert wurde.

Der Clos Montmartre

Obwohl der Montmartre seinen ländlichen Charakter verloren hat und mit seinem Paradies aus Tanzlokalen und Bars den Pariser Künstlern ein Zuhause geworden ist, erwacht der Weinberg auf Betreiben des am Montmartre lebenden Künstlers Poulbot im Jahr 1933 zu neuem Leben. Im Schatten von Sacré-Coeur liegt die abschüssige Parzelle an der Ecke der Rue Saint-Vincent und der Rue des Saules. Auf 1556 m² wachsen heute Gamay, Pinot Noir und andere Rebsorten, darunter auch Hybriden – 1762 Rebstöcke, die, am Nordhang angebaut, sicherlich keinen großen Wein hervorbringen! Doch darum geht es auch gar nicht. Man will eine Tradition am Leben erhalten, und zur Eröffnung der Lese und bei Weinfesten werden mit Erfolg die seltenen, jedoch verständlicherweise teuren Weine zu wohltätigen Zwecken verkauft.

Ay

„Die Perlen von Ay verheißen einen Moment des Glücks." Mit diesem schillernden Bild beschreibt Alfred de Vigny, was den Marktflecken im geographischen Zentrum der Champagne ausmacht. Ay erfreut sich innerhalb seines Weinbaugebietes, das sich am Tal entlangzieht, einer privilegierten Lage am rechten Marne-Ufer. In direkter Nachbarschaft im Norden beginnt die Montagne de Reims, und direkt gegenüber am linken Ufer der Marne befindet sich die Côte des Blancs. Der Ort ist umgeben von ausgezeichneten Terroirs mit sehr unterschiedlichen Charakteren. So wurde der Weinbau bereits früh ein bedeutender Wirtschaftszweig. In Paris und im Norden schätzte man die hellroten Weine aus Ay sehr. Viel später – als die Weine in der Regel weiß waren und man die Kunst der Schaumweinherstellung beherrschte – sollten diese zu dem werden, was man heute Champagner nennt ...

Am Fuße der Weinberge (rechte Seite) reckt sich der spitze Kirchturm von Ay gen Himmel.

Große Terroirs

Bei allen den Ort umgebenden Weinbergen handelt es sich um mit 100% bewertete Spitzenlagen, d.h. die Erzeuger können für ihre Ernte den höchsten vom Handel festgesetzten Preis verlangen. Damit ist Ay einer der insgesamt 17 Grands Crus – neben den 41 Premiers Crus – des Marne-Tales, der Montagne de Reims und der Côte des Blancs. Es dominieren weitgehend dunkle Rebsorten – Pinot Noir und Pinot Meunier –, seltener sind der Chardonnay oder einige „vergessene", aber darum nicht weniger interessante Sorten wie der Petit Meslier. Charakteristisch für die Böden von Ay und der gesamten Champagne ist eine tiefe, poröse Kreideschicht, die für eine ausgezeichnete Regulierung des Wasser- und Wärmehaushaltes sorgt und eine entscheidende Rolle für dieses nördlich gelegene Weinbaugebiet spielt. Außerdem handelt es sich um hervorragendes Baumaterial ... auch für die Weinkeller.

Ein wunderschönes Zentrum

Jene Weine, die „an Qualität und Perfektion unübertroffen sind", wie es der Leibarzt Heinreichs IV., La Framboisière, formulierte, verschafften Ay ein ungeheures Ansehen, das sich auch im Stadtbild widerspiegelt. Die Stadtmauern lassen sich zwar nur noch am Verlauf der Straßen und an einigen Überresten erahnen, so etwa in der Umgebung des berühmten Clos Chaudes Terres des Weinhauses Bollinger, einer winzigen Parzelle mit ungepfropften Pinot-Noir-Reben, den „Vieilles Vignes Françaises" (so auch der Name des daraus produzierten Weines). Doch die alten Häuser – etwa die Kelterei Heinrichs IV. im Schatten der Kirche im gotischen Flamboyantstil oder die Kelterei und das Haus der Kammerherrn von Franz I. –, und die zahlreichen geschlossenen Hofanlagen, die im Falle eines Angriffs mit ihren schmalen Zugängen beinahe uneinnehmbar waren, erhalten die Geschichte des Ortes lebendig. In der Rue Jeanson zeugen die herrlichen Stadtpaläste aus dem 19. Jahrhundert vom Wohlstand der ortsansässigen Familien und der niedergelassenen Kaufleute – das Weinhaus Gosset siedelte sich bereits im Jahr 1584 hier an. In einem der Paläste, der Villa Bissinger, befindet sich heute das Institut international des vins de Champagne.

Hautvillers

CHAMPAGNE

Hautvillers ist berühmt für seine Zunftschilder, besonders für jene aus der Kunstschmiede Babé aus Cramant.

Hautvillers liegt über dem rechten Marne-Ufer am südlichen Rand der Montagne de Reims gegenüber von Épernay. Das Dorf ist gleichzeitig historisches und symbolisches Zentrum der Champagne. Seit ihrer Gründung im 7. Jahrhundert spielte die Benediktinerabtei von Hautvillers eine wichtige Rolle – mit ihren Kopisten und Miniaturisten war sie eines der Kunstzentren in karolingischer Zeit. Und bereits sehr früh unterschieden sich die Weine „vom Fluss" von den Weinen „vom Berg" von der Nordseite der Montagne de Reims.

Dom Pérignon

Mitten im Zeitalter Ludwigs XIV. spielte Dom Pérignon, Prokurator und Kellermeister der Abtei von Hautvillers, bei der Entstehung des Champagners eine entscheidende Rolle. Zwar war er nicht sein Erfinder, wie es die Legende will, doch ihm gelang es, Farbe und Mousse zu kontrollieren und den Basiswein zu verbessern. Mit der Auswahl der Rebsorten – mit einer Vorliebe für Pinot Noir –, dem Verlesen der Ernte, dem raschen Pressen, der sorgfältigen Zusammenstellung von Trauben aus unterschiedlichen Lagen, der Gärung im kühlen Keller – er ließ auf dem Weg nach Cumières eigens einen Keller in den Fels schlagen –, dem Abstich und der Klärung sowie der Abfüllung in Flaschen aus dickem Glas perfektionierte der Mönch in seinem 47-jährigen Lebenswerk die Champagnerherstellung.

Sie gehörten bereits zu den besten Weinen der Île-de-France, bevor die Appellationen der Champagne entstanden.

Das Land von Dom Pérignon

Es sollte Jahrhunderte dauern, bis aus den „grauen" oder hellroten Weinen der Champagner entstand. Erst im 17. Jahrhundert und beginnenden 18. Jahrhundert gelang es Dom Perignon und den Mönchen der Abtei Saint-Pierre d'Hautvillers, den Wein zum Sprudeln zu bringen, und schon bald galt er auf der ganzen Welt als exklusive Spezialität. Ein großer Teil der

Geschichte – und Legende – um jenen geistvollen und festlichen Wein hat seinen Ursprung in Hautvillers und seiner kargen Abtei, die mehrmals zerstört und wieder aufgebaut wurde. Heute ist nur noch die Abteikirche aus dem 16. und 17. Jahrhundert erhalten, die seit der französischen Revolution als Pfarrkirche dient. In dieser Kirche sind zwei für den Weinbau in der Champagne bedeutende Persönlichkeiten begraben: Dom Pérignon, und sein Freund Dom Ruinart, der für die Herstellung des Schaumweines die aus gallo-romanischer Zeit stammenden unterirdischen Gänge im Kreideboden von Reims

wieder entdeckte. Die übrigen Klostergebäude sind heute im Besitz des Hauses Moët et Chandon. Alte Gebäude mit Portalen in „Korbhenkel"-Form, häufig geschmückt mit schmiedeisernen Schildern, schlichte Architektur aus Kreidebruch und Backstein, abschüssige Straßen, die den Blick auf die Weinberge bis nach Cumières oder Dizy oder auf die Marne freigeben – in Hautvillers verspürt man wie in jedem Weindorf der Champagne die Mühen, die die komplexe Herstellung des Champagners mit sich bringt. Feiern kann man erst nach einem langen und aufwändigen Herstellungsverfahren ...

Die Benediktinerabtei von Hautvillers, bekannt geworden durch den Mönch Dom Pérignon, ist ein bedeutendes Zentrum des Weinbaus in der Champagne.

Les Riceys

Les Riceys besteht aus drei Dörfern: Ricey-Bas, Ricey-Haute-Rive und Ricey-Haut. Sie liegen in einem fruchtbaren Tal, das von der Laignes, einem kleinen Nebenfluss der Seine, bewässert wird. Die Gemeinde gilt als die bedeutendste im gesamten Weinbauland der Champagne, und sie ist die einzige, die drei Appellationen für sich beanspruchen kann: Champagner für die Schaumweine, Coteaux Champenois für die „stillen" Weine und Rosé des Riceys für die ebenfalls „stille" Spezialität der Gegend.

Zwischen Champagne und Burgund

Les Riceys liegt im äußersten Süden des Département Aube an der Grenze zwischen Champagne und Burgund, Tonnerre und Chablis sind nicht weit. Doch seit Beginn des 20. Jahrhunderts ist die Gemeinde in das Weinbaugebiet der Champagne integriert, und

Der Rosé des Riceys

Von den 866 Hektar Weinbaufläche in Les Riceys eignen sich nur 350 – die besten Südhanglagen – zur Herstellung des Rosé des Riceys, der ausschließlich aus Pinot Noir bestehen muss. Tatsächlich werden jedoch nur 35 bis 40 Hektar dieser Rebsorte für die lokale Weinspezialität verwendet, und das nur in guten Jahrgängen. Die Produktion des Rosé ist riskant. Der Winzer muss dem INAO (Institut National des Appellations d'Origine) die Parzellen benennen, die er für die Roséherstellung vorsieht. Diese werden entsprechend kontrolliert: Die gesunden Trauben müssen einen Naturgehalt von mindestens 10° haben. Dem fertigen Wein wird bei einer offiziellen Degustation die Bezeichnung Rosé des Riceys zuerkannt – oder auch nicht. Die Herstellung verläuft wie folgt: Die Trauben werden sehr kurz gemaischt, die streng überwachte Gärung dauert nur wenige Tage. Der Most muss sofort abgezogen werden, sobald die rosa-rote Farbe und jener typische Geschmack von Kirschen, Erdbeeren, Himbeeren, Johannisbeeren und Veilchen, dazu ein Hauch von Mandel und Haselnuss, perfekt sind.

man pflegt dort in aller Selbstverständlichkeit seine Eigenheiten. Weinberge, Wälder und Wiesen prägen das Landschaftsbild, und mit der imposanten Kirche in Ricey-Bas, die teilweise aus dem 13. Jahrhundert stammt, dem eleganten Kirchengebäude von Ricey-Haute-Rive aus dem 16. Jahrhundert und schließlich dem Kirchenbau aus dem 15. und 16. Jahrhundert in Ricey-Haut verfügt Les Riceys über einen

bemerkenswerten architektonischen Reichtum. Das Schloss in Ricey-Bas vereint Mittelalter und französische Klassik, und über das gesamte Gemeindegebiet verstreut gibt es zahlreiche kleinere Kapellen. Die Silhouetten der alten *cadoles*, schlichter Trockenmauerhütten in den Weinbergen, verleihen der Hügellandschaft einen besonderen Charme. Besonders ist auch der Rosé des Riceys, ein Traditionsprodukt, der

dem Wein, der in der Champagne hergestellt wurde, bevor es den Champagner gab, vermutlich sehr ähnlich ist. Aufwändig in seiner Herstellung – besonders angesichts der allgegenwärtigen Schaumweinherstellung –, ist dieser stille Rosé selten und eher wenig bekannt. Unter Liebhabern jedoch gilt er als einer der besten und ursprünglichsten Roséweine Frankreichs.

Les Riceys, eingebettet zwischen Weinbergen und bewaldeten Hügelkämmen, liegt im Grenzgebiet von Champagne und Burgund.

Eguisheim

ELSASS

Von Weinbergen umgeben und mit von alten Fachwerkhäusern gesäumten Gassen (rechte Seite) ist Eguisheim eines der schönsten Dörfer des Elsass.

Im Reigen der farbenfrohen und blühenden Dörfer, die in den Ausläufern der Vogesen über der Rheinebene nach Colmar gewandt liegen, hat Eguisheim eine ganz besondere Stellung. Das alte Dorf mit seinen Weinbergen ist eine so typisch elsässische Landschaft, das sie aus der Feder des Grafikers und Heimatforschers Hansi stammen könnte. Bereits um das Jahr 1000 galt Eguisheim unter etwa 160 Weindörfern im Elsass als eines der bekanntesten.

Eine Festung im elsässischen Rebland

Einst Hauptstadt einer mächtigen Grafschaft, ruht Eguisheim sicher innerhalb seiner Stadtmauern. Seine Straßen sind zu Verteidigungszwecken konzentrisch angelegt. Die für die elsässische Geschichte so bedeutende mittelalterliche achteckige Burganlage und die Kirche, deren Glockenturm und romanisches Tympanon erhalten sind, bilden das Zentrum des Dorfes. Das Ortsbild ist geprägt von Fachwerkhäusern mit hohen, bunten Gefachen, von Zehnthöfen, die von der Bedeutung des Ortes im Mittelalter zeugen, und dem Spiel von Licht und Schatten auf den kleinen Plätzen. Der Weinliebhaber kann in den „Winstuben" und Degustationskellern die elsässische Gastlichkeit genießen.

Vor den Toren der Stadt erstrecken sich die Weinberge über die Hügel in großen Parzellen in die Ebene. Die besten Weine wachsen in den Hanglagen, zu nennen sind besonders die Grand-Cru-Lagen Eichberg und Pfersigberg im Schutze der „Drei Egsen" von Eguisheim auf dem bewaldeten Gipfel des Schlossberges. Genau genommen handelt es sich um drei Bergfriede, gewaltige Überreste der mittelalterlichen Burgen Weckmund, Wahlenburg und Dagsburg, die in ihrer exponierten Lage einst über das Tal wachten und deren unverwechselbare Silhouetten sich über das gesamte Weinbaugebiet und die umliegenden Dörfer erheben. Nicht minder erwähnenswert ist die viel besuchte Winzergenossenschaft in Eguisheim. In der Region hat das kollektive Miteinander stets eine entscheidende Rolle gespielt, und die 1902 in Eguisheim gegründete Genossenschaft war eine der ersten im Elsass und ist bis heute auch die bedeutendste geblieben.

Riesling, Gewürztraminer und andere

Die Vielfalt der Terroirs im elsässischen Weinland geht ein subtiles Zusammenspiel mit seinen zahlreichen Rebsorten ein, so etwa die Grands Crus von Eguisheim: Der Eichberg mit seinem lehmigen Kalkboden in Südostlage ist gut geschützt. Sein ausgesprochen warmes und trockenes Mikroklima eignet sich besonders für den Anbau von Gewürztraminer, aber auch für Riesling und Tokay d'Alsace/Pinot Gris. Seine Weine sind vollmundig und von großer Feinheit. Der kalkhaltigere Pfersigberg, nach Ostsüdost ausgerichtet, was eine sehr frühe Reife der Trauben begünstigt, ist der bevorzugte Boden des Gewürztraminers, passt aber auch zum Riesling. Seine Weine sind körperreich und elegant.

Kientzheim

Elsass

Plätze, Brunnen und alte Häuser machen den typischen Charme von Kientzheim aus, das am Fuße der Vogesen liegt (rechts).

Man weiß nicht, was man in Kientzheim mehr bewundern soll, den „Lallakenig" oder „Lalli", die grinsende Maske im Osttor der Stadt, die möglichen Eindringlingen seit mehr als vier Jahrhunderten die Zunge herausstreckt, oder die eindrucksvolle Burg, die die Erinnerung an die Grafen von Lupfen, oder insbesondere an Lazarus von Schwendi bewahrt und heute die große Weinbruderschaft Saint-Etienne sowie das besonders lehrreiche Musée du Vignoble et des Vins d'Alsace beherbergt ... Eigentlich ist alles empfehlenswert an diesem Dorf mit seiner Stadtmauer aus dem 14. Jahrhundert.

Tokay oder Pinot Gris?

Der Legende nach stammt der Tokay aus Ungarn. Lazarus von Schwendi soll ihn im 16. Jahrhundert nach einem Feldzug gegen die Türken nach Kientzheim gebracht haben. Tatsächlich jedoch besteht keinerlei Verbindung zu den Rebsorten, aus denen die bemerkenswerten Weine in der Gegend um das ungarische Tokay entstehen. Beim Tokay d'Alsace handelt es sich um einen Pinot Gris, der bereits lange im französischen Weinbau zu Hause ist. In der Champagne und Île-de-France bezeichnete man ihn früher als Fromenteau, in Burgund als Pinot Beurot. Nichtsdestoweniger wurde diese Rebsorte im Elsass zum ersten Mal in Kientzheim erwähnt. Heute gehört sie zu den vier Edelreben des elsässischen Weinbaus: Sie reift sehr früh, ihr Wein ist körperreich und würzig, im Geschmack abgerundet und voll, und sie eignet sich hervorragend für Spät- und Beerenauslesen.

Es ist an der Straße gelegen, die vom nahen Kaysersberg bis nach Sigolsheim durch das Weisstal in die Ebene führt.

Weinreben aus aller Welt

Der Bürgerturm liegt im Westen, der Diebsturm im Osten und im Zentrum die teilweise gotische Kirche, in der der Lokalheld Lazarus von Schwendi begraben liegt. Der Legende nach soll er die Tokayer-Rebe eingeführt haben. Die alten stattlichen Häuser, die kleinen Plätze und die Brunnen verleihen dem Dorf einen pittoresken

Charme. Von allen Seiten grenzen die Weinberge direkt an die Befestigungsmauern. In den Hängen unterhalb der bewaldeten Höhen befinden sich die Grands Crus und besten Lagen, wobei das Rebenmeer sich bis in die flacheren Regionen erstreckt. Auf dem Schlossberg, der ersten elsässischen, 1975 anerkannten Grand-Cru-Lage, wächst der Riesling auf Terrassen, die bis an den mächtigen Bergfried der mittelalterlichen Burg von Kaysersberg heranreichen, die über diesen typisch elsässischen Ort und die Wehrbrücke über die Weiss thront.

Der Furstentum, warm und gut geschützt, überrascht mit seiner mediterranen Flora und bietet ideale Bedingungen für den Gewürztraminer und den Tokay/Pinot Gris. Auf dem Mambourg oberhalb von Sigolsheim wächst fast ausschließlich Gewürztraminer. Die Lagen Grafreben oder Altenbourg befinden sich an denselben Hängen, andere schmiegen sich an das Ufer der Weiss, etwa der Patergarten zwischen Kientzheim und Kaysersberg. Mit ihren vielfältigen Terroirs und Rebsorten gehört die Gegend um Kientzheim sicherlich zu den schönsten Seiten des Elsass.

Riquewihr

U mgeben von einem Meer von Weinstöcken, ist Riquewihr das Herz des elsässischen Weinlandes. Dies gilt sowohl für seine zentrale geographische Lage an der Route du Vin, die von Thann aus durch die Ausläufer der Vogesen von Ort zu Ort bis nach Marlenheim führt, als auch für seine historische Bedeutung für den Weinbau im Elsass. Der Wohlstand von Riquewihr (dt. Reichenweiher) ist seit dem Mittelalter mit seinem Namen belegt, der auf den „Reichtum" des Ortes und seiner Bewohner verweist.

Ein Museumsdorf

Die Architektur des Dorfes mit der viereckigen Wehranlage vom Ende des 13. Jahrhunderts, dem Torturm „Dolder" – auch Obertor genannt – an der Westseite der Stadtbefestigung und dem Diebsturm, einem alten Gefängnis, bildet einen Bilderbogen der Vergangenheit. Das Schloss der Herzöge von Württemberg sowie zahlreiche Häuser stammen aus den 16. und 17. Jahrhundert, der Blütezeit Riquewihrs. Sie bilden das wohl prächtigste noch erhaltene

Der gesamte Ort Riquewihr mit seinen Straßen, Gassen, Plätzen und Gebäuden steht unter Denkmalschutz.

Terroirs und Rebsorten

Elsässer Weine werden nach ihren Rebsorten benannt. Um jedoch den jahrhundertealten Ruf der besten Terroirs zu sichern, hat man seit 1975 etwa 50 Grand-Cru-Lagen bestimmt, deren Boden und Mikroklima ideal für eine oder mehrere der vier elsässischen Edelreben Riesling, Gewürztraminer, Tokay/Pinot Gris und Muscat geeignet sind. Wenn die Bedingungen es zulassen, wachsen dort ganz besondere Weine von außergewöhnlicher Qualität, wie etwa im Schönenberg von Riquewihr. Aufgrund der Lese von überreifen Trauben (Spätlese) oder des schrittweisen Verlesens der Beeren, deren Zuckergehalt durch die so genannte Edelfäule besonders hoch ausfällt, entstehen die großen Dessertweine (Beerenauslesen).

Bunte Fachwerkhäuser und schmiedeeiserne Schilder machen aus Riquewihr ein lebendes Museum.

Ensemble elsässischer Architektur. Nicht umsonst steht der gesamte Ort unter Denkmalschutz, kann man doch überall Fachwerkfassaden, mit Biberschwanzziegeln gedeckte Dächer, Höfe mit Galerien, Erker und Brunnen bewundern. Jedes Haus hat seine Eigenheiten: das Liebrich-Haus, das Behrel-Haus, das Kiener-Haus, das Dissler-Haus oder auch das Gasthaus „Zum Stern", einst Versammlungsort der mächtigen, im 16. Jahrhundert gegründeten Winzervereinigung.

Eine großartige Landschaft

Riquewihr besaß wegen der Qualität seiner Terroirs und der Kompromisslosigkeit seiner Winzer bereits sehr früh einen Sonderstatus. Die Grand-Cru-Lage Schönenberg im Norden des Dorfes mit ihrer Ausrichtung nach Süden eignet sich hervorragend für den Riesling. Im Südosten wachsen auf den sanfteren Hängen des Grand Cru Sporen bevorzugt Gewürztraminer und Tokay/Pinot Gris. Diese beiden Perlen unter den Spitzenlagen im Elsass adeln den Weinbau in Riquewihr seit Jahrhunderten.

Mit seinen großartigen Terroirs wie dem Schönenberg, der bis an die Stadtbefestigung heranreicht, verdient Riquewihr den Beinamen „Perle des Weinberges" (folgende Doppelseite).

Beaune

Beaune, berühmte und prachtvolle Hauptstadt der Burgunderweine! Lange hat sie den Weinen von der Côte d'Or, die erst seit dem 15. Jahrhundert Burgunder heißen, ihren Namen gegeben. Noch heute findet sich Beaune in der Bezeichnung der südlichen Hälfte der Hügelkette – der Côte de Beaune – und der großen Appellation im Westen der Stadt. Beaune, benannt nach Belenos, dem keltischen Gott der Quellen, konzentrierte sich bereits früh auf den Wein und den Weinhandel. Seit dem 12. und 13. Jahrhundert, als Beaune eine Weile herzögliche Hauptstadt war, um dann von Dijon abgelöst zu werden, ist die Stadt maßgeblich am Wachstum des Wohlstands im Burgund beteiligt. Vor allem aber ist sie von jeher immer die Weinhauptstadt gewesen. Sie wurde früh zu einem wichtigen Zentrum für den Weinhandel, seit dem 18. Jahrhundert ließen sich Händler dort nieder und begannen ihre Unternehmen auszubauen. Die Geschäfte laufen heute besser denn je, und viele Händler sind längst selbst Grundbesitzer.

Gelegentlich erinnern traditionelle, mit Pinot-Noir-Trauben gefüllte Körbe an die alten Erntemethoden im Weinbaugebiet von Beaune.

Die Hauptstadt ...

Auch architektonisch verfügt Beaune über einen standesgemäßen Reichtum. Seine Befestigungsanlagen stammen teilweise aus dem 13., im Wesentlichen jedoch aus dem 15. und 16. Jahrhundert: Das Stadtbild ist geprägt von mächtigen Mauern, Türmen und Basteien – vornehmlich im Besitz der großen Beauner Handelshäuser –, von Gräben, in denen heute prächtige Gärten blühen, und den Überresten einer Burg aus dem 15. Jahrhundert, von der zwei Türme der östlichen Befestigungsmauer erhalten sind – an historischen Bauwerken mangelt es nicht. Im Herzen des konzentrisch verlaufenden engen Straßennetzes des Zentrums wacht die Kirche Notre-Dame im romanischen Baustil des Burgund, der allerdings einige gotische Elemente beigefügt wurden. Überall ist der jahrhundertealte, jedoch diskrete Wohlstand der Stadt spürbar. Da sind die Renaissancepaläste – besonders jener der Herzöge von Burgund mit seinem gotischen Weinlager, in dem sich heute das Weinmuseum befindet –, die Klöster – so das Ursulinen-Konvent aus dem 17. Jahrhundert, das heute das Rathaus, das Musée des Beaux-Arts und das Musée Marais beherbergt –, alte Häuser und unzählige verschwiegene Plätze, Höfe, Gärten, Keller, Treppen und Durchgänge ... Auch die Stadtteile außerhalb der Mauern besitzen ihre Schätze, etwa das alte Winzerviertel im Norden der Stadt, dessen typische Häuser sich um den schlanken Turm der Kirche Saint-Nicolas aus dem 13. Jahrhundert gruppieren. Das Viertel liegt am Fuße der Montagne de Beaune, an deren Hängen die Grands Crus Grèves und Cent Vignes wachsen.

... und die Hospize

Über die Landesgrenzen hinaus bekannt ist das Hôtel-Dieu, der bedeutendste Teil der Hospize, heute Museum und Touristenattraktion. Es wurde im 15. Jahrhundert von Nicolas Rolin, dem Kanzler des Herzogs von Burgund, und seiner Frau Guigone de Salins für die Bedürftigen gestiftet.

Das Hospiz mit seinen
prächtigen Dächern aus
bunt glasierten Ziegeln ist
zum Symbol für die alte
Stadt im Burgund geworden.

Rebstöcke, soweit das Auge reicht. Die Parzellen der Côte de Beaune passen sich den Eigenheiten der Hänge an.

Das große Bauwerk beeindruckt mit seinem flämisch inspirierten Stil und den mit bunt glasierten Ziegeln versehenen Dächern rund um den Innenhof. Nur das Eingangsgebäude mit seiner schlichten Fassade und dem spitzen Turm ist mit Schiefer gedeckt. Das Innere beherbergt den „Saal der Armen" mit seinen 28 Betten und einer Kapelle, in der sich früher der berühmte Flügelaltar von Rogier van der Weyden mit einer Darstellung des Jüngsten Gerichts befand, der heute in einem Nachbarsaal ausgestellt wird.

Beaune und seine Appellation

Ehre, wem Ehre gebührt: Die Stadt hat ihre eigene AOC an der Côte, deren Lagen im Westen bis an den Horizont reichen und im Battois, dem „Montagne de Beaune" genannten Berg gipfeln. Zwischen Savigny-lès-Beaune im Norden und Pommard im Süden liegen in der Hangmitte 41 Premiers Crus, in erster Linie bepflanzt mit Pinot Noir. Nur ein kleiner Teil ist dem Chardonnay für die Weißweinherstellung vorbehalten. Der Stadt zugewandt, verlocken diese Lagen mit ihren verheißungsvollen Namen: Clos du Roi, Marconnets, Cent Vignes, Fèves, Bressandes, Grèves – darin eingeschlossen der berühmte Vigne de l'Enfant Jesus –, Teurons, Champs Pimont, Avaux, Boucherottes oder Clos des Mouches, der bekannt ist für seinen hervorragenden Weißwein.

Seit seiner Gründung finanziert sich das Hospiz vor allem aus den Einkünften von gespendeten Weinbergen, die heute eine Gesamtfläche von 61 Hektar haben und im Wesentlichen an der Côte de Beaune liegen. Der jährliche Verkauf der Cuvées, die aufgrund ihres berühmten Ursprungs

und der Namen ihrer Spender zu Ansehen gelangt sind – etwa der Beaune Premier Cru les Cent Vignes „Nicolas Rolin" –, ist ein Ereignis, das Weinhändler und -liebhaber aus der ganzen Welt nach Beaune lockt. Die Versteigerung, die auch die Marktpreise bestimmt, findet stets am dritten Sonntag im November statt; am vorhergehenden Samstag feiern die Chevaliers de Tastevin im Château du Clos Vougeot ein großes Bankett, und montags folgt die Paulée, ein großes Winzerfest im Château de Meursault. Diese drei Festtage nennt man „Les Trois Glorieuses".

Mit seiner konzentrischen Anlage um Kirche und Hospiz hat sich Beaune seinen mittelalterlichen Charakter bewahrt.

Chablis

BURGUND

Der Ort Chablis an den Ufern des Serein ist das Herz der nach ihm benannten Weinbauregion.

D as nördlichste Weinbaugebiet von Burgund erstreckt sich zwischen Côte d'Or und Champagne über die Täler der kleinen Wasserläufe, die die Yonne speisen, bevor diese in die Seine fließt. Das besondere Licht der Landschaft findet seinen schönsten Ausdruck wohl in der blassgoldenen, von grünlichen Reflexen durchsetzten Farbe des Chablis.

Das Werk von Mönchen

Bereits sehr früh verstanden Mönche sich auf den Weinbau an den besten Hängen längs der Ufer des Flüsschens Serein, das sich beinahe träge durch Chablis zieht. Die Benediktinermönche, die im 9. Jahrhundert vor den Normannen aus der Abtei Saint-Martin in Tours hierher flüchteten, waren die ersten Winzer in Chablis. An ihre Gründerrolle erinnern die dem heiligen Martin geweihte

Die unterschiedlichen Chablis

In relativ nördlicher Lage mit gelegentlich strengem Frühjahrsfrost, der den Einsatz von Öfen zwischen den Rebstöcken oder speziellen Berieselungssystemen zum Schutz der Reben notwendig macht, erstreckt sich das Weinbaugebiet von Chablis und den 19 Dörfern der AOC über etwa 40 000 Hektar. Im Wesentlichen handelt es sich um Lehm-Kalk-Böden (Kimmeridgidium), bepflanzt mit Chardonnay, der großen weißen Rebsorte Burgunds. Beim Chablis unterscheidet man vier Appellationen: Petit Chablis (505 Hektar), Chablis (2715 Hektar), Chablis Premier Cru (740 Hektar) und Chablis Grand Cru (103 Hektar). Die sieben Grand-Cru-Lagen befinden sich an einem Hang am rechten Ufer des Serein (Bougros, Preuses, Vaudésir, Grenouilles, Valmur, Les Clos, Blanchot). Die rund 40 Premier-Cru-Lagen, zusammengefasst unter 17 Lagengruppen, liegen rechts (Mont de Milieu, Montée de Tonnerre,

Fourchaume etc.) und links des Serein (Montmains, Vaillons etc.). Charakteristisch für die frischen und fruchtigen Weine sind die Noten von Zitrusfrüchten und Kräutern sowie der mineralische Unterton. Chablis entwickeln sich langsam, wobei die besten Weine einen Geschmack von Honig, Wachs, Pilzen und Unterholz entwickeln.

Stiftskirche, ein Gebäude aus dem 12. und
13. Jahrhundert im gotischen Stil wie die
Kathedrale von Sens, und die Obédiencerie, ein
im 15. Jahrhundert erbautes Kloster, das die
Ordensbrüder aus Tours bei ihren Besuchen in
Chablis beherbergte. Im Jahr 1114 gründeten die
Zisterzienser die Abtei von Pontigny – eine
Tochterniederlassung der Abtei von Cîteaux –
und legten damit den Grundstein für den
Wohlstand von Chablis: Das ebenso schlichte wie
mächtige Bauwerk aus dem 12. Jahrhundert nahe
Chablis wurde zu einer Hochburg der
Weinherstellung, und das Wissen der Zisterzienser
kam im ganzen Burgund zur Anwendung. Petit-
Pontigny, eine Filiation der Abtei in Chablis
selbst, deren Weinlager der einzige aus dem 12.
Jahrhundert erhaltene Teil ist, war bis zur
Französischen Revolution ein großes Weingut. Mit
dem Anbau von Chardonnay, der am besten für
die Böden geeigneten Rebsorte, und der Auswahl
der besten Lagen, den heutigen Grands und
Premiers Crus, haben die Mönche den Chablis
„erfunden" und die Stadt, die dem berühmten
trockenen Weißwein seinen Namen gegeben hat,
zu Wohlstand verholfen.

Die Weindörfer des Chablis
liegen in Talmulden und am
Fuße der Weinberge
entlang den beiden
Uferseiten des Serein.

Irancy

BURGUND

Eingebettet wie ein Amphitheater aus Weinbergen, ist Irancy ein typisches Weindorf des Départements Yonne.

Gemächlich windet sich die Yonne durch die Landschaft des nach ihr benannten Départements Yonne, nimmt ihren Weg durch Kalkfelsen mit atemberaubenden Steilwänden und tiefen Grotten, durch sanft gewelltes Hügelland und kleine Dörfer, die sich eng um die Kirche in ihrer Mitte drängen. Nicht weniger malerisch ist die Cure, die in Cravant in die Yonne fließt. Dort beginnt das Weinbaugebiet von Auxerre, dessen Hänge denen von Beaune und des ganzen nördlichen Burgund in ihrer herausragenden Qualität seit langem als ebenbürtig gelten.

Umgeben von Weinbergen

Am rechten Ufer der Yonne, auf der Höhe von Vincelottes, einem kleinen Hafen, von dem aus einst Weinfässer verschifft wurden, öffnet sich das weite Tal in Form eines Amphitheaters. Darin liegt, umgeben von der hufeisenförmigen Hügelkette, deren Rebzeilen dem Ort zustreben, Irancy mit seinen dicht gedrängten Häusern und engen Gassen. Die Haufendorfstruktur und der Gürtel aus Spazierwegen, die entlang den Hängen durch die heute mit Linden gesäumten alten Gräben führen, sowie einige Überreste aus dem 16. Jahrhundert sind Relikte aus der Zeit der Befestigungsanlagen des Dorfes. In dieser Kalksteinlandschaft verfügen alle alten Häuser über kühle, feuchte, in den steinigen Unterböden gehauene Keller, genau wie man sie für die Weinherstellung benötigt. Der Architekt

Eine junge kommunale Appellation in Burgund

1998 wurde die Appellation Bourgogne Irancy zur AOC Irancy. Ihre 150 Hektar Pinot Noir, der feste und dennoch elegante und fruchtige Weine ergibt, sind damit in den Kreis der „Großen" aufgenommen, dem die kommunalen Appellationen der Côte d'Or und auch der Weißwein aus Chablis angehören. Eine Besonderheit von Irancy ist, dass

dort ein kleiner Prozentanteil an César angebaut wird, einer Rebsorte, die angeblich noch aus der Zeit der römischen Besiedlung stammt ... Und tatsächlich findet man ihre typischen Blätter auf einem gallo-römischen Fries, das man bei Ausgrabungen in Escolives-Sainte-Camille jenseits der Yonne direkt gegenüber von Irancy entdeckt hat.

Jacques Germain Soufflot, ein Kind dieser Gegend, baute im 18. Jahrhundert das Pariser Pantheon mit Kalksteinen aus den nahe gelegenen Steinbrüchen von Bailly. Heute ist dort eine unterirdische „Weinkathedrale", in der über eine Million Flaschen Crémant de Bourgogne lagern ...

Das Schachbrettmuster der Ziegeldächer von Irancy, aus dem sich einzig der viereckige gotische Kirchturm emporhebt, spiegelt sich wider in der vollendet geometrischen Anordnung der Parzellen in den Weinbergen, die von Kirschbäumen, einst ebenfalls eine Spezialität der Region, gesäumt werden. Die besten Lagen, vom traditionellen Pinot Noir des Burgund bevorzugt, weisen nach Süden und Westen. Fast immer hat man von dort aus das Dorf im Blick. Ihre Namen tragen die ganze Poesie des Weines in sich: Boudardes, Le Paradis, Les Mazelots, La Côte du Moutier oder dort, wo der Hang sich nach Cravant neigt, der berühmte Palotte.

Die ziegelgedeckten Kalksteinhäuser von Irancy drängen sich um die Hauptstraße und ihre Nebenstraßen (oben). Malerisch liegt das Dorf am Fuße der mit Kirschbäumen gesäumten Weinberge (folgende Doppelseite).

Pernand-Vergelesses

Das alte Theater der Truppe von Jacques Copeau, die Dorfkirche und die Kapelle Notre-Dame-de Bonne-Espérance sind die charakteristischsten Bauten von Pernand-Vergelesses.

D as Tal von Pernand-Vergelesses ist einer der magischen Weinbauorte in Burgund: In nördlicher Richtung windet es sich zwischen den bewaldeten Kuppen von Corton-Berg und Bois-Noël durch eine Landschaft von Weinbergen mit berühmten Namen — rote oder weiße Weine, Grands Crus, Premiers Crus oder kommunale Appellationen. Direkt nach der „Côte des Pierres", die die Côte de Nuits und die Côte de Beaune voneinander trennt und wo die berühmten Steinbrüche von Comblanchien liegen, erhebt sich die gleichermaßen imposante wie sanfte Silhouette des Corton, jenes ewigen Grenzsteins und Wahrzeichens des Weinbaugebietes von Beaune, das sich nach Süden bis zum Ende der Côte d'Or ausdehnt.

Am Fuße des „Berges"

Während die Ortschaft Ladoix-Sarrigny sich an der Ostseite des Corton in die Ebene erstreckt und Aloxe-Corton weiter südlich in der Hangmitte liegt, scheint Pernand sich mit seiner leicht zurückgezogenen Lage hinter dem berühmten „Berg" zu verstecken. Bescheiden liegt das Dorf am dem „Frétille" genannten Hügel gegenüber den Hängen an der Westseite des Corton, wo malerisch die Terroirs des Corton und des Corton-Charlemagne enden. Im Schutze der Kapelle Notre-Dame-de-Bonne-Espérance aus dem 19. Jahrhundert und nahe der Quelle „Mère Fontaine" gelegen, die diesen Ort vor langer Zeit vermutlich zu einem

Große rote und weiße Weine

In diesem nördlichen Teil der Côte de Beaune mit seinen entweder lehmigen oder kalkigen Böden und der unterschiedlichen Ausrichtung seiner Hänge gedeihen sowohl weiße als auch rote Weine. Als einziger roter Grand Cru kann es der Corton mit den Roten der Côte de Nuits aufnehmen, wohingegen der kräftige weiße Grand Cru Corton-Charlemagne den Reigen der großen Weißen von Beaune weiter südlich eröffnet. Die AOCs Pernand-Vergelesses Premier Cru — Vergelesses, Île des Vergelesses, Fichots usw. —, ebenso fest wie elegant, bestehen ebenfalls aus Chardonnay und Pinot Noir.

Pernand-Vergelesses, wohlgeschützt in einem tiefen Tal der Côte, ist umgeben von Wäldern und Weinbergen.

bevorzugten Siedlungsraum machte, ist Pernand eines der typischen Weindörfer der Côte de Beaune. Eng winden sich seine steilen Gassen um die romanische Kirche mit ihrem spitzen Glockenturm, dessen im Fischgrätenmuster verlegte glasierte Ziegel im Sonnenlicht funkeln. Inmitten der hübschen burgundischen Häuser, deren tiefe Keller sich hervorragend als Weinlager eignen, stößt man auf ein Haus mit dreieckigem Giebelfeld, das an die weniger „irdische" geistige Kost erinnert: Hier ließen sich in den 1920er-Jahren Jacques Copeau und seine Theatertruppe, die „Copiaux", nieder.

Weinlagen in allen Richtungen

Von Pernand aus sieht man lediglich die im Süden gelegenen Lagen an den beiden Seiten des Tales. Die Lagen in Richtung Westsüdwest, die im Wesentlichen zu Aloxe gehören und bis nach Ladoix-Serrigny reichen, bringen den berühmten Corton-Charlemagne und den Corton hervor. Auf den Lagen in Richtung Ostsüdost unterhalb des Bois-Noël, die sich bis nach Savigny-lès-Beaune fortsetzen, wachsen die Crus von Pernand an den Hängen der Vergelesses, deren Name 1922 an den Namen des Dorfes gehängt wurde. Diese Mischung aus Dörfern und Weinlagen, aus ländlicher Einfachheit und unendlicher Finesse der Terroirs macht den geheinmisvollen Zauber der Côte d'Or aus.

Vézelay

Vézelay mit seinen malerischen Gassen am „ewigen Hügel" ist ein überaus beliebtes Ausflugsziel.

Man glaubt sie noch zu hören, die Schritte der Pilger auf dem Weg nach Santiago de Compostela und den Lärm der Kreuzritter, die in Vézelay zum zweiten oder dritten Kreuzzug aufbrachen. Noch heute lockt das Dorf, das sich im Mittelalter als bedeutendes Zentrum der Christenheit verstand, zahllose Touristen in seine Gassen – Grund genug also, sich wieder ganz dem Weinbau zu widmen, der einst die Landschaft prägte, Ende des 19. Jahrhunderts jedoch beinahe vollständig verschwunden war.

Ein Weinbaugebiet blüht wieder auf

Nach der Zerstörung durch die Reblaus wurde der Weinbau um Vézelay erst in den 1970er-Jahren in bescheidenem Umfang wieder belebt – heute beträgt die Anbaufläche mit noch jungen Reben rund 100 Hektar. Dennoch hat der Wein hier eine lange Geschichte, die bis zur römischen Besiedlung zurückreicht. Hat man nicht Überreste eines Bacchustempels unter der Kirche Saint-Étienne gefunden? Und ist der „Clos Dû" in Saint-Père nicht der einstige „Clos du Duc", der den Herzögen von Burgund gehörte? Es werden hauptsächlich Weißweine aus der Chardonnay-Traube gekeltert – diese dürfen sich AOC Bourgogne Vézelay nennen. Der kleine Anteil an rotem Wein aus Pinot Noir muss sich mit der AOC Bourgogne zufrieden geben. Seltener und ausgefallener ist der Bourgogne Blanc Grand Ordinaire, hergestellt aus der Melon de Bourgogne, einer traditionellen Rebsorte, die in Burgund in Vergessenheit geraten, im Weinbaugebiet von Nantes jedoch als Muscadet berühmt geworden ist.

Der „ewige Hügel"

Bereits seit elf Jahrhunderten thront ein Kloster über den grünen Hügeln am Ufer der Cure, doch die große Klosterkirche auf dem „ewigen Hügel" wurde erst zwischen dem 11. und 13. Jahrhundert erbaut, um der zunehmenden Bedeutung dieses christlichen Zentrums Rechnung zu tragen. Die Basilika Sainte-Madeleine wäre nach der Französischen Revolution zu Ruinen verfallen, hätte sich der Architekt Viollet-le-Duc im 19. Jahrhundert nicht ihrer Restaurierung angenommen. So besticht das prachtvolle, jahrhundertealte Bauwerk seine Besucher auch

heute noch durch seine romanischen und gotischen Architekturelemente sowie seine zahlreichen bildhauerischen Meisterwerke. Die Skulpturen, besonders die Kapitelle und die drei Eingangsportale, offenbaren das ganze Können der burgundischen Kunst – stilisierte, langgestreckte Figuren mit fein ziselierten, beinahe leicht anmutenden steinernen Draperien. Von der Terrasse der alten Burg hinter der Kirche hat man einen wunderbaren Blick in das Cure-Tal, während sich weiter unten die Altstadt innerhalb ihrer von Türmen und Toren durchsetzten Mauern mit ihren von alten Häusern gesäumten Gassen nach Westen ausdehnt. Der gesamte Ort wurde von der UNESCO als Weltkulturerbe klassifiziert. Unterhalb der Basilika erstreckt sich das Weinbaugebiet in Richtung der Nachbardörfer Saint-Père-sous-Vézelay, Asquins und – am rechten Ufer der Cure – Tharoiseau.

Ähnlich wie die Weine aus den Regionen Auxerre, Joigny und Tonnerre gelangen auch die Weine aus Vézelay heute wieder zu der Bedeutung, die ihnen in den vergangenen Jahrhunderten zukam, als der Weinbau im nördlichen Burgund seine Blütezeit erlebte.

Von der Klosterkirche aus hat man einen weiten Blick auf Vézelay und seine von Weinbergen, Feldern und Wäldern geprägte Landschaft.

Vougeot

BURGUND

Die Chevaliers du Tastevin verkörpern das hohe Prestige der Burgunderweine. Ihr Sitz ist das Château du Clos Vougeot, das malerisch mitten im Weinberg liegt (rechte Seite).

Die Vouge entspringt in der Côte de Nuits und schlängelt sich auf ihrem Weg in die Saône durch den Wald von Cîteaux. Dabei passiert sie die Abtei von Cîteaux, gegründet Ende des 11. Jahrhunderts. Die Zisterzienser standen noch am Anfang ihrer großen Geschichte, und ebenso der Weinbau in Burgund, als die Mönche von Cîteaux auf den Hängen nahe der Flussquelle den ersten Wein anbauten. Die Hügelrücken der Côte ließen sie bewaldet – sie zogen die mittleren Hänge vor, die windgeschützt waren und am Morgen in der Sonne lagen. Am Fuße der Weinberge entstand das winzige Dorf Vougeot am Ufer des Flusses, der ihm seinen Namen gab. Seit dem 16. Jahrhundert erleichterte eine Brücke die

Flussüberquerung, und es siedelten sich Gast- und Wirtshäuser an. Und so klein das Dorf auch sein mag – heute ist es der berühmteste Weinort der gesamten Côte de Nuits.

Der Weinberg und sein Château

Bekannt geworden ist Vougeot durch seinen großen und berühmten Weinberg, der den Genius der neun Jahrhunderte während Tradition des Weinbaus in Burgund verkörpert. Die kleinste Gemeinde der Côte, deren wenige Häuser sich um eine Kirche aus dem 19. Jahrhundert drängen, besteht im Wesentlichen aus den rund 50 Hektar Weinbaufläche, die von den Mönchen des Mittelalters Parzelle für Parzelle erschlossen und im 14. Jahrhundert mit Mauern umgeben wurden. Mitten in den Weinbergen, im oberen Teil des Clos Vougeot, ragen das Weinlager, zur Hälfte unter der Erde gelegen, und die Kellerei, ein regelrechtes „Weinkloster" mit vier riesigen Pressen, empor – romanische Gebäude mit gewaltigen Dächern. Bemerkenswerter noch ist das erst im 16. Jahrhundert erbaute angrenzende Schloss, das in der Landschaft des Burgund eine echte Rarität ist. Das nüchterne, massive Bauwerk mit zwei kurzen, viereckigen Türmen scheint mit dem außergewöhnlichen Terroir zu verschmelzen. Bis zum Ende des 19. Jahrhunderts – also deutlich über die Französische Revolution hinaus – blieb der Clos Vougeot ungeteilt – heute kommen auf die rund 60 Parzellen 70 bis 80 Besitzer! Diese Parzellen unterscheiden sich in Größe, Qualität und Bodenbeschaffenheit – die einen sind eher kalkig, die anderen eher lehmig –, und die oberen und mittleren gelten als besser als die unteren ... Am berühmtesten ist der Grand Cru Clos de Vougeot, doch in seinem Schatten gibt es auch einige bemerkenswerte Premiers Crus, allesamt bepflanzt mit Pinot Noir: Clos de la Perrière, Cras, Petits Vougeots und – von besonderer Originalität – der Clos Blanc, der ganz dem Chardonnay gewidmet ist.

Die Chevaliers du Tastevin

Das Château du Clos Vougeot befindet sich seit 1944 im Besitz der berühmten Weinbruderschaft der Chevaliers du Tastevin, gegründet 1934 in Nuits-Saint-Georges. Sie hält dort ihre berühmten Bankette und Inthronisationen sowie Weinprämierungen ab, bei denen die besten Weine der Côte d'Or ausgezeichnet werden. Jedes Jahr am dritten Samstag im November veranstaltet die Bruderschaft nach der Degustation der Weine, die am nächsten Tag im Hospiz von Beaune versteigert werden, ein feierliches Bankett.

Solutré-Pouilly

MÂCONNAIS

Die Dörfer und Weinberge am Fuße des beeindruckenden Felsen von Solutré liegen an den typischen breiten Hängen der Landschaft des Mâconnais.

I nmitten der charakteristischen Hügellandschaft des südlichen Mâconnais erhebt sich der 493 Meter hohe Kalkfelsen von Solutré mit seiner rund 100 m hohen Steilklippe. Er bietet einen fantastischen Blick auf das Saône-Tal sowie auf das Juragebirge und die Alpen. Der Fels von Vergisson etwas weiter nördlich und der Mont de Pouilly im Süden unterstreichen das bewegte Profil dieser großartigen, von den Ausläufern des Mâconnais-Gebirges geprägten Landschaft. Weinberge wechseln sich ab mit Wiesen und Feldern. Die hellen rötlichen Böden kontrastieren mit dem Weißgrau der Felsen und der üppig grünen Vegetation. Die weite Landschaft lässt die Dörfer inmitten der Weinberge noch kleiner erscheinen. Unter dem Einfluss der Abtei von Cluny auf der anderen Seite der Bergkette erlebte diese Region, wie das übrige Burgund, bereits früh einen bemerkenswerten Aufstieg.

Das urgeschichtliche Solutré

Solutré und Umgebung sind nicht nur wegen ihrer Schönheit bemerkenswert, interessant ist auch die Geschichte ihrer Besiedlung, die in prähistorische Zeit zurückgeht. Am Fuße des Felsens, in der Lage Crôt du Charnier, hat man eine gewaltige Ansammlung von rund 25 000 Jahre alten Pferdeknochen gefunden, die von geschlachteten Tieren stammen. Weitere Fundstücke waren Feuersteine in Lorbeerblattform und Alltagsgegenstände – Spuren der prähistorischen Menschen, die die Landschaft während der jährlichen Wanderungen mit ihrem Vieh durchquerten. Das Musée départemental de Préhistoire zeigt auf dem Crôt du Charnier viele dieser Fundstücke. Unterhalb des Felsens, im Südosten, reihen sich die Dörfer mit ihren hübschen, schlichten Winzerhäusern, jenen für das Mâconnais typischen Gebäuden mit einer Galerie über dem Weinlager und dem Keller, entlang der abschüssigen Straßen und Gassen auf: Solutré mit seiner romanischen Kirche und dem benachbarten Waschhaus mit geschlossener Galerie, Pouilly mit seinem kleinen, von zwei Rundtürmen flankierten Schloss aus dem 16. Jahrhundert, das hübsche Örtchen Fuissé und etwas weiter in der Ferne Loché und Vinzelles mit ihren romanischen Kirchen.

Das Königreich des Chardonnay

Hier entstehen die besten Weine des Mâconnais, die neben dem Chablis und den Weißweinen der Côte de Beaune die Familie der großen weißen Burgunder komplettieren. Der Kalkboden, das sonnige Klima und die gute Ausrichtung der Lagen machen aus dem Chardonnay einen charakteristischen Wein von blassgoldener, mit grünen Reflexen durchsetzter Farbe, lebhaft und seidig mit Aromen von Mandeln, Haselnüssen, Akazien, Hagedorn und einer mineralischen Note.

Pouilly-Fuissé und der Rest …

In der Region der Mâcon-Weine ist der südliche Teil des Weinbaugebietes sicherlich der bemerkenswertere. Die bekannteste und beliebteste Appellation ist Pouilly-Fuissé, zu der die Weine von Solutré-Pouilly, Fuissé, Chaintré und Vergisson gehören. Die sehr ähnlichen, jedoch oftmals weicheren und jünger zu trinkenden Weine aus den nahe gelegenen Orten Vinzelles und Loché können die AOCs Pouilly-Vinzelles/Pouilly-Loché und Mâcon-Villages tragen.

Oingt

BEAUJOLAIS

Als mittelalterliche Ortschaft auf einem Hügel sitzend, herrscht Oingt über große Hänge von Weinbergen.

Im Süden des Beaujolais liegt in der großen Schleife, die das Azergues-Tal beschreibt, bevor der Fluss bei Anse in die Saône fließt, das Land der „Pierres dorées" (goldene Steine), das so ganz anders ist als das Beaujolais der Cru- und Beaujolais-Village-Appellationen. Nicht Granit und Schiefer bestimmen hier die

Landschaft, sondern ockerfarbener, rötlich schimmernder Kalkstein, der den Bauwerken ihre typische goldene Farbe und dem Land seinen Namen gibt. So anders der Boden ist, so anders ist auch der Wein.

Im Herzen der „Pierres dorées"

Strategisch günstig auf der alten Grenze zwischen Beaujolais und Lyonnais über dem Azergues-Tal gelegen, hat Oingt bis heute wenig von seinem mittelalterlichen Glanz verloren, der auf die Familie Oingt zurückgeht, deren ausdrucksstarke steinerne Skulpturen acht Sockel des Chors der Kirche aus dem 14. Jahrhundert schmücken. Diese Kirche befindet sich direkt neben dem Standort der alten Burg. Nicht weit davon steht noch der Bergfried der „neuen Burg" aus dem 13. Jahrhundert, auf dem sich heute eine Aussichtsterrasse befindet. Die Überreste der Stadtbefestigung – etwa die Porte de Nizy – und die vielen zahlreichen Häuser wie das Gemeindehaus verleihen dem Dorf auch heute noch ein mittelalterliches Gesicht. Etwas unterhalb von Oingt ragen die beiden Türmchen des seit dem 16. Jahrhundert häufig veränderten Château de Prosny aus den Weinbergen empor. Überall steht dicht gedrängt der Gamay: Wegen der Nähe zur „Hauptstadt der Gallier" oblag dem Beaujolais der „Pierres dorées" lange Zeit einzig die schnöde Aufgabe, den Durst der Lyoner schnell und hinlänglich zu stillen. Heute genießt er ein besseres Ansehen. Er findet Anerkennung für seinen lebendigen, feurigen Charakter, verfügt jedoch auch über eine ansehnliche Festigkeit, deren Abrundung einige Zeit braucht, und muss sich nicht hinter den Beaujolaisweinen aus dem Norden verstecken.

Die Landschaft des Gamay

Seitdem Herzog Philipp II. der Kühne die Gamaytraube 1395 vom wenig geeigneten Boden von Burgund verbannte, wächst diese Rebe fast ausschließlich auf den Granit- und Schieferböden des Beaujolais, aber auch auf den lehmigen Kalkböden der „Pierres dorées" im Süden. Auf den insgesamt 22 500 Hektar Weinbaufläche des Beaujolais gibt es eine Vielzahl von unterschiedlichen Terroirs und Stilen – die AOCs aus den 1930er-Jahren machen das sehr deutlich. Der einfache, frische und fruchtige Beaujolais stammt im Wesentlichen aus dem Süden der Region und macht die Hälfte der Produktion aus. Der Rest entfällt auf die Beaujolais-Villages (6000 Hektar) aus den besseren Gemeinden und die zehn Crus, das Beste von den Terroirs des Beaujolais, bei denen der Herkunftsort Teil des Namens ist. Ihnen allen ist Frische und Fruchtigkeit gemein, doch je besser sie sind, desto mehr gewinnen sie an Dichte, Komplexität, Feinheit und Charakter.

Vaux-en-Beaujolais

BEAUJOLAIS

Clochemerle, literarisches Alter Ego von Vaux, liegt im Herzen einer Weinbaulandschaft, an deren Hängen die Gamaytraube prächtig gedeiht (rechte Seite).

Im Herzen des Beaujolais im Tal der Vauxonne gelegen, die das Weinbaugebiet von West nach Ost durchschneidet, ist Vaux-en-Beaujolais mehr als ein Dorf: Es ist ein Symbol. Es ist Hauptsitz der Weinbruderschaft Confrérie du Gosier sec, deren Mitglieder dort in bester Tradition des Beaujolais ihre Trinkfeste feiern ... Außerdem ist Vaux der Ort Clochemerle aus dem berühmten Roman des Lyoners Gabriel Chevallier aus dem Jahr 1934, der, übersetzt in 33 Sprachen, vom Leben in einem Dorf des Beaujolais erzählt, das nach dem Rhythmus des Weines verläuft, aber auch von den merkwürdigsten alltäglichen Begebenheiten berichtet.

Das typische Beaujolais

Vaux ist ein charakteristisches Dorf des Beaujolais. Umgeben von einem Meer von Gamayreben, die zur Appellation Beaujolais-Villages gehören, liegt es inmitten der bewegten Hügellandschaft, die durch die Ausläufer der Berge des Beaujolais geprägt ist. Seine bescheidenen Häuser gruppieren sich um die hübsche romanische Kirche und das Rathaus, auf dessen Vorplatz man eine erstaunliche Presse bewundern kann, die einst mit einem riesigen Rad betrieben wurde, das die jungen Männer des Dorfes mittels Muskelkraft in Gang setzen mussten. Doch damit nicht genug: Der Caveau de Clochemerle bietet so viel lokalen Beaujolais, wie das Herz begehrt, und direkt gegenüber erzählt das Weinmuseum mit seinen historischen Werkzeugen die Geschichte des Beaujolais. Und was vielleicht noch typischer ist; Geselligkeit gehört hier einfach zum Leben. Bei jeder Gelegenheit kommt man zusammen, witzelt und erzählt, während reichlich Beaujolais sowie Spezialitäten vom Schwein und Rohmilchkäse dem Ganzen die nötige Wüze geben.

So hat der Beaujolais auch die Welt erobert. Man trinkt ihn zum Vergnügen, er ist frisch und fruchtig und stillt den Durst, kurz: Man teilt ihn gern, und darum feiert man auch seit den 1960er-Jahren jedes Jahr wieder die Ankunft des „Beaujolais Primeur"!

Der Beaujolais Primeur ist da!

Als süffiger und geselliger Wein wurde der Beaujolais traditionell vom Beginn des Winters an getrunken, im Besonderen zum Feiertag des „Saint Cochon" (heiliges Schwein), jenem Fest, zu dem früher – und gelegentlich noch heute – ein Schwein geschlachtet und gepökelt wurde. Die Idee jedoch, diesen Feiertag auch kommerziell zu nutzen, stammt aus den 1960er-Jahren. Der Beaujolais Primeur ist da! Dabei handelt es sich um ganz jungen Wein, der im Jahr seiner Herstellung bereits getrunken wird. Ab dem dritten Donnerstag im November ist er bei beinahe allen Weinhändlern und in zahllosen Restaurants auf der ganzen Welt zu haben. Allein die Crus überleben idealerweise bis Ostern – zwei Drittel der Beaujolaisweine und ein Drittel der Beaujolais-Villages werden als Primeur verkauft.

Arbois

JURA

Das Stadtbild mit seinen Türmen, eindrucksvollen Bauten und Bürgerhäusern unterstreicht die Bedeutung von Arbois, das mitten im Rebland des Jura liegt.

Die ersten Ausläufer des Juramassivs liegen gegenüber der Côte d'Or von Burgund. Der Weinbau, der hier unter ebenso schwierigen wie bemerkenswerten Bedingungen betrieben wird, ist tief in den Traditionen der Landschaft verwurzelt. Die Weinberge am Fuße des Revermont sind nach Westen oder Südwesten ausgerichtet, und in den Tälern, die sich tief in das Kalkplateau des Jura schneiden, weisen sie nach Süden. Die Weine, die dort entstehen, sind von ähnlich ausgeprägtem Charakter wie das Land selbst.

Eine starke Persönlichkeit

Arbois liegt im nördlichen Teil des Weinbaugebietes des Jura in der Mündung eines schroffen Tales. Das stolze, ringsum von Weinbergen umgebene Städtchen kann auf eine wechselvolle Geschichte zurückblicken, deren Zeugnisse sich in den stillen Wassern der Cuisance spiegeln: die Überreste des Befestigungsgürtels aus dem 13. Jahrhundert (die Türme Gloriette, Chaffin und Prieuré, der runde Turm des Château Pécauld, das heute das Institut des vin du Jura und das Weinmuseum beherbergt, und die Porte Picardet), Kirchen – so Saint-Just mit ihrem mächtigen Glockenturm aus dem 16. Jahrhundert –, Klöster aus dem 17. Jahrhundert, Schlösser – etwa das Château Bontemps, das an die einst bedeutende Verbindung zu den Herzögen von Burgund erinnert –, sowie zahlreiche Stadtpaläste. Doch in erster Linie ist Arbois eine Stadt des Weines. Daran erinnert der große Weinkeller der Herzöge von Burgund, die „Cave de la reine Jeanne", im Herzen der Stadt ebenso wie die Winzerhäuser, deren Keller über eine Klappe von der Straße aus zugänglich sind und die man auch in der Umgebung von Arbois, besonders in den Dörfern Montigny-lès-Arsures und Pupillin, findet. Außerdem ist die Stadt Heimat von Louis Pasteur, der mit der Erforschung der Gärung und der Weinhefen einer neuen Wissenschaft den Weg ebnete – der Önologie! Das Pasteur-Haus ist inzwischen ein Museum, und man kann auch heute noch seinen Weinberg in der Lage En Rosières an der Straße nach Montigny-lès-Arsures besichtigen.

Bunte Vielfalt

Auf den 900 Hektar der Appellation Arbois, die mehr als die Hälfte der gesamten Weinproduktion des Jura ausmacht, entstehen ausgesprochen vielfältige Weine. Basis für die Weißweine ist der Chardonnay, komplettiert durch Savagnin, die typische Rebsorte des Jura. Rotwein wird aus zwei Rebsorten des Jura hergestellt, Poulsard und Trousseau, außerdem aus Pinot Noir. Der vin jaune, eine Spezialität des Jura und insbesondere von Arbois, ist ein Ausnahmewein. Er besteht ausschließlich aus der Savagnintraube und reift mindestens sechs Jahre und drei Monate. Währenddessen verbleibt er mit der Hefe im Fass. Unter der Schutzschicht eines Hefepilzes auf seiner Oberfläche entwickelt er langsam seinen in Geschmack, Geruch und Farbe komplexen Charakter mit dem unverwechselbaren Aroma von Nüssen und Gewürzen (Curry). Abgefüllt in eine spezielle 62-cl-Flasche, den „Clavelin", ist der vin jaune beinahe unbegrenzt haltbar. Eine weitere Spezialität des Jura ist der Strohwein: Vor dem Pressen werden die Trauben auf Strohmatten oder an Drahtschnüren zwei oder drei Monate getrocknet. Dadurch entsteht ein milder und reichhaltiger Wein von konzentrierter Süße.

Château-Chalon

JURA

In seiner exponierten Lage überragt Château-Chalon seine Weinberge, auf denen ausschließlich die für den Jura typische Savagninrebe wächst.

Château-Chalon ist ein typisches Dorf des Jura. Stolz wacht es am Rande des Kalksteinplateaus über dem Eingang eines Tales, unter dessen schroffen Felskanten sich nach Südwesten geneigte, vor dem Nordwind gut geschützte mit Reben bepflanzte Hänge erstrecken. Am Fuße des Plateaus fließt die Seille, die im Cirque de Baume-les-Messieurs entspringt.

Eine stolze Geschichte

In seiner exponierten Lage, die gleichzeitig friedlich, aristokratisch und strategisch günstig ist, lebt Château-Chalon nach dem Rhythmus eines bescheidenen, jedoch berühmten Dorfes. Über neun oder zehn Jahrhunderte hinweg verlieh eine Benediktinerabtei, die ausschließlich adeligen Frauen vorbehalten war, dem Ort und seinem unvergleichlichen Wein seinen Glanz, doch die Abtei hat die Revolution nicht überlebt. Anders die Abtei Baume-les-Moines – umgetauft in Baume-les-Messieurs. Besser geschützt im Ursprungstal der Seille gelegen, besteht sie noch heute mit ihrer romanischen Architektur von schlichter Würde. In Château-Chalon erinnert nur die Burgruine aus dem 13. Jahrhundert an diese längst vergangenen Zeiten, außerdem einige Gebäude aus dem 16. und 17. Jahrhundert, die zum Kloster gehörten. Die Kirche Saint-Pierre mit einem romanischen Glockenturm und dem Kirchenschiff mit frühgotischen Kreuzrippen verschmilzt mit ihrem Dach aus großen, flachen Kalksteinen der Region im Dächermeer des Ortes.

Ein echtes Denkmal

Was den Ruhm von Château-Chalon jedoch bis heute fortdauern lässt, ist sein Weinbaugebiet, dessen Parzellen unterhalb des Dorfes am Hang liegen. Mit seinem Wein hat sich der Ort wahrhaft ein Denkmal gesetzt. Bevor er zum berühmten goldenen *vin jaune* wurde, nannte man ihn „Vin de garde" (Lagerwein), denn er ist beinahe unbegrenzt haltbar. Ob er nun dem sagenhaften Wein der Benediktinerinnen ähnelt oder nicht, weiß man nicht ... In der Welt des Weines jedenfalls nimmt er zwischen dem ungarischen Tokaj und dem andalusischen Sherry einen ganz besonderen Platz ein.

Das Königreich des *vin jaune*

Der vin jaune, die Spezialität des Jura, wird in allen lokalen Appellationen – Arbois, L'Étoile und Côtes du Jura – hergestellt. Die Appellation Château-Chalon jedoch ist ausschließlich jenem außergewöhnlichen Wein vorbehalten, die restlichen Weine der Gemeinde und ihrer Nachbarn Domblans, Ménétru-le-Vignoble und Nevy-sur-Seille sind „einfache" Côtes du Jura. Der seltene Savagnin, angebaut auf einem an Kieseln reichen Mergelboden, ist die einzig zugelassene Rebsorte auf den etwa 90 Hektar der AOC, von denen gegenwärtig rund 50

Hektar genutzt werden.
Eine kleine Appellation, schwer zu bestellende Hänge, kleine Erträge und eine langwierige und risikoreiche Herstellung, bei der ein Drittel des Anfangsvolumens verloren geht ... Zu allem Überfluss hat sich der Château-Chalon selbst strenge Regeln auferlegt: gewissenhafte Kontrolle jeder einzelnen Parzelle und des Leseguts mit teilweiser oder – falls nötig – auch vollständiger Deklassierung sowie Degustation des jungen vin jaune bei der Abfüllung in die 62 cl fassenden „Clavelin"-Flaschen.

Cerdon

BUGEY

Das Bugey, südlichste Region des Jura, die die Rhône auf ihrem Weg zwischen Genf und Lyon zu einer großen Schleife zwingt und Brillat-Savarin so teuer war, liegt fernab vom Trubel der Welt ... Die Landschaft ist geprägt von Bergen, Tälern und Wäldern, durchzogen von Flüssen und Bächen, und so mancher Hang spricht von ihrer Bestimmung als Weinbauland. Doch neben den Parzellen, die wie ein Mosaik die sonnigsten Lagen überziehen, begegnet man immer wieder verlassenen Weinbergen mit unbeschnittenen Reben, überwucherten Trockenmauern, verlassenen Winzerhütten ... Nur noch wenige Flecken, und diese insbesondere am rechten Ufer der Rhône-Schleife, setzen die Tradition des Weinbaus im Bugey fort. Und der Weinberg von Cerdon, kurz vor der Mündung des Ain in die Rhône ein wenig abseits gelegen, gehört dazu.

In Cerdon, das im Schutze seiner Kirche im Tal liegt, pflegt man den traditionellen Weinanbau des Bugey.

Die „Perle" des Bugey

Cerdon, im Hinterland des linken Ain-Ufers in einem tiefen Tal gelegen, durch das sich der Veyron windet, verkörpert den Weinbau im

Ein prickelnder, halbtrockener Rosé

Der VDQS Vin du Bugey Cerdon – der vielleicht bald eine eigene Appellation erhält, die seiner Originalität Rechnung tragen würde – vereint in sich Gamay und Poulsard, Rebsorten aus den nahen Weinbaugebieten Beaujolais und Jura. Als Rosé gekeltert, vor Abschluss der Gärung in Flaschen abgefüllt, um die Kohlensäurebläschen und den Restzucker zu bewahren, ist der Cerdon einzig in seiner Art. Dank dieser traditionellen und natürlichen Herstellung ist er von fruchtiger Feinheit, recht alkoholarm (um 8°) und angenehm mild. Ein schlichtes Glück, das Vergnügen macht und den Durst löscht.

Bugey. Steil abfallende Hänge – besonders die „Grande Côte" über dem Dorf –, in den Weinbergen verstreute Winzerhäuschen, leise rauschende Bäche zwischen den Häusern der Weinbauern mit ihren Balkonen und weit überstehenden Dächern, steinerne Brücken und Brunnen machen den stillen Charme des Dorfes aus. Über allem wacht die in der Hangmitte erbaute Kirche. Daneben machen

die zahlreichen Aussichtspunkte auf den umliegenden Bergen, die Wasserfälle und Höhlen Cerdon zu einem ganz besonderen Ort. Die übrigen Orte der Appellation stehen dem in nichts nach: Mérignat mit den Ruinen seines herrschaftlichen Schlosses, Poncin, ein befestigter mittelalterlicher Marktflecken am Ufer des Ain, Boyeux-Saint-Jérôme mit Châtillon-de-Cornelle, wo die gotische Kapelle des ehemaligen Schlosses oberhalb des Tales noch erhalten ist, Saint-Alban mit seinem grandiosen Ausblick, das hübsche Weindörfchen Bôches und am jenseitigen Ain-Ufer das früher bekanntere Örtchen Gravelles. Außerdem locken verschwiegene Orte den Spaziergänger, die vertrauten Wege zu verlassen, ganz ähnlich wie der Wein von Cerdon ...

Arbin

SAVOYEN

Das bescheidene Dörfchen Arbois hat sich einen Namen im savoyischen Weinbau gemacht.

In der Ferne im Norden die Gipfel des Montblanc, im Süden die Belledonne-Kette und die schneebedeckten Alpen des Maurienne-Tales: Arbin hat eine bemerkenswerte Lage in den Niederungen der Savoyen. Dort kreuzen sich das Isère-Tal, das mit dem Grésivaudan-Tal nach Grenoble führt, und der Weg zur alten Hauptstadt der Savoyen über die Schlucht von Chambéry. Montmélian, einst eine mächtige Festung – in der Altstadt gibt es noch heute bedeutende Überreste der mittelalterlichen Zitadelle –, spielte lange eine strategisch wichtige Rolle an dieser vielgenutzten Durchgangsstraße,

die durch oberhalb gelegene Festungen wie die Burg von Cruet oder die Burg von Miolans am Zusammenfluss von Isère und Arc gesichert wurde. Seitdem die Römer mit dem Kleinen Sankt Bernhard eine Verbindung zwischen Italien und Wien sowie der Rhône geschaffen hatten, gab es für die Weine aus Savoyen stets große Absatzmärkte, und sie genossen ein solides Ansehen. Arbin, das bis zum 18. Jahrhundert im Schatten von Montmélian stand und erst 1779 seine Autonomie erlangte, ist das Herzstück des Weinbaugebiets von Montmélian.

Die gute Mondeuse

In der Antike gründete der Ruf des savoyischen Weinbaus insbesondere auf der Rebsorte *allobrogica* – erwähnt von Plinius dem Älteren –, die wohl von Savoyen bis ins nördliche Rhône-Gebiet in der Gegend von Vienne eine bedeutende Rolle spielte. Man kann vermuten, dass es sich dabei um die Mondeuse handelt und dass diese Rebsorte nicht ohne Verbindung zum Syrah ist ... Auf jeden Fall ist Arbin heute das bevorzugte Anbaugebiet der savoyischen Mondeuse: Die AOC Vin de Savoie Arbin verdankt ihr ihren Charakter und auch ihren Ruhm – sie ergibt dunkle Weine mit Frucht- und Gewürznoten, die sich gut lagern lassen und Nuancen von Veilchen, Iris und Trüffel entwickeln.

Bergbewohner und Winzer

An der Südostflanke des Bauges-Massivs erstreckt sich das Weinbaugebiet von Montmélian und Arbin über Cruet, Saint-Jean-de-la-Porte und Saint-Pierre-d'Albigny bis nach Fréterive. Unauffällig liegt Arbin mit seinen wenigen engen Straßen am Fuße der Montagne de la Thuile, überragt von seiner Kirche Saint-Nicolas, einem Relikt des cluniazensischen Priorats von Arbin-Montmélian. An der Straße nach Cruet zeugen die Überreste der „Villa" von Mérande mit prachtvollen Mosaiken aus dem 2. Jahrhundert von gallorömischen Zeiten. Ganz in der Nähe befindet sich das mächtige Gutsgebäude von Mérande, das Teil des lehnsherrschaftlichen Anwesens war.

Die Mühlen, von denen es in Arbin einst viele gab – an Quellwasser und Gebirgsbächen mangelt es hier nicht –, sind heute stillgelegt oder verschwunden. Nur der Weinbau hat die Jahrhunderte überlebt. An den mit Kalkgestein durchsetzten, nach Südosten gewandten Hängen wachsen der Jacquère, der in den Weißweinen vorherrscht, und die Mondeuse, aus der Rotweine von ganz eigenem Charakter entstehen. Die beiden lokalen Rebsorten machen die Individualität des Weinbaus in den Savoyen aus.

Von den Weinbergen von Arbin am Fuße der Montagne de la Thuile blickt man auf das Isère-Tal und die Belledonne-Kette in der Ferne.

Chignin

Auf dem einzigartigen Terroir von Chignin gedeihen an den steilen Hängen der Schlucht von Chambéry die Bergeronreben.

Von Chambéry aus, der Stadt der „Pförtner der Alpen" – jener Herzöge von Savoyen, die im Mittelalter über die wichtigste Alpenpassage wachten –, folgt die Straße der Schlucht, die in südöstliche Richtung nach Montmélian und an das rechte Isère-Ufer führt. Das Tal wird im Norden vom Bauges-Massiv begrenzt, im Süden vom Chartreuse-Massiv. Auf deren günstigsten Lagen befinden sich, kleinen Inseln gleich, die Weinberge. Gegenüber von Apremont und Les Abymes, überragt vom Mont Granier, schmiegt sich Chignin in sonniger Südlage an das Bauges-Massiv.

Der Chignin-Bergeron

In der großen Familie der AOC Vin de Savoie – einer Reihe von Dörfern, die am savoyischen Ufer des Genfer Sees beginnt, wo der Chasselas zu Hause ist, sich an der Rhône und dem Lac de Bourget entlangzieht und im Isère-Tal endet – stellt Chignin zwei der 17 lokalen Crus. Die Appellation Vin de Savoie Chignin gilt traditionell den savoyischen Rebsorten, während die Appellation Vin de Savoie Chignin-Bergeron der kleinen Produktion der Roussanne vorbehalten ist. Der Wein ist selten (etwas mehr als 3000 Hektorliter) und beliebt – und damit umso wertvoller.

Ein Dorf und seine Türme

Chignin kultiviert seine Geheimnisse ... zum Beispiel das seiner Türme: Einst waren es sieben, vielleicht auch mehr, heute stehen noch fünf Ruinen inmitten der Rebzeilen, die sich über die Hügellandschaft und die ersten Berghänge bis zum Waldrand erstrecken. Unbekannten Ursprungs, wahrscheinlich im Mittelalter errichtet, markierten sie ursprünglich ein befestigtes Gebiet, das vermutlich Wachtposten über der Schlucht und Zufluchtsort bei Gefahr war. Die Tour de la Biguerne wurde im 14. Jahrhundert in die dem heiligen Anthelm von Chignin gewidmete Kapelle integriert, während die übrigen Efeu und Unkraut

überlassen sind. Stumm und geheimnisvoll wachen sie über Chignin und den bescheidenen Glockenturm der Dorfkirche aus dem 18. Jahrhundert sowie über die drei malerischen Weiler Tormery, überragt von einem „Felsen", der 1913 aus Sicherheitsgründen teilweise gesprengt wurde, Le Viviers und Le Villard. Weiter oben im Berg bieten die Lagen „Grotte de l'Ermite" und „Trou" (Loch) von Chignin eine fantastische Aussicht.

Der Bergeron, Prinz von Chignin

Das Gebiet um Chignin gehört zur Appellation Vin de Savoie, in der die savoyischen Rebsorten Jacquère (lebendige und frische Weißweine) und Mondeuse (körperreiche Rotweine mit vollem Bukett) dominieren. Doch auch – und das ist ein weiteres Geheimnis von Chignin – die Roussanne, die man von den nördlichen Côtes du Rhône – Hermitage oder Saint-Joseph – kennt, ist der Erwähnung wert, ist sie in Chignin doch unter dem alten Namen Barbin oder häufiger auch Bergeron zu Hause. Gut angepasst an das Klima der kieselhaltigen Kalkhänge, die bis nach Francin und Montmélian reichen, ergibt diese Traube einen der besten savoyischen Weißweine, gehaltvoll und elegant, mit Nuancen von Weißdorn, Quitte, Aprikose und Mandel.

Am Fuße des Bauges-Massivs gegenüber dem Chartreuse-Massiv erfreuen sich die Weinberge von Chignin einer ausgezeichneten Lage.

Châteauneuf-du-Pape

RHÔNE-TAL

Mit seinen von runden Kieseln überdeckten Böden ist das Weinbaugebiet von Châteauneuf prädestiniert für charaktervolle Weine.

Als sich die Päpste des Comtat Venaissin bemächtigten und zu Beginn des 14. Jahrhunderts in Avignon niederließen, weckten auch Châteauneuf und seine Weinberge ihr Interesse. Seitdem scheinen diese auserwähltes Land zu sein ... Von keinem anderen Ort könnte der „Wein des Papstes" herkommen. Er ist der „Pontifex" im großen Weinbaugebiet des Rhône-Tales, er „ist das Feuerwerk am Ende der großen Appellationen auf den Rhône-Hügeln", um mit Baron Le Roy zu sprechen, dem Pionier der AOCs zu Beginn des 20. Jahrhunderts. Châteauneuf, seit 1893 mit dem Zusatz „du Pape", liegt zwischen linkem Rhône-Ufer und der Ouvèze. Mit dem außergewöhnlichen Terroir, einem weitgehend mit Kieseln bedeckten Hochplateau, der optimalen Sonneneinstrahlung und dem günstigen Einfluss des Mistral, der Wolken vertreibt und Regen trocknet, bestehen hier die besten Voraussetzungen für die Entstehung eines großen Crus – die Geschichte beweist es.

Der Grenache und die anderen ...

Die Weinbauregion Châteuneuf-du-Pape war in den 1920er-Jahren ein Vorreiter bei der Einführung der AOCs, um Mittelmäßigkeit und Betrug vorzubeugen. Unter Baron Le Roy de Boiseaumarié, Besitzer von Château Fortia und Anwalt, wurden außergewöhnlich strenge Regeln eingeführt, außerdem 13 sehr unterschiedliche rote und weiße Traubensorten zur Kelterung zugelassen. Bei den Rotweinen, die je nach Jahrgang 90 bis 95% der Produktion ausmachen, dominiert der Grenache, der auch einzige Rebsorte sein kann. Kombiniert wird er gerne mit Syrah, Mourvèdre und Cinsault, gelegentlich auch mit weniger häufigen Sorten. Der wesentlich seltenere Weißwein wird im Wesentlichen aus Grenache Blanc, Clairette, Roussanne und Bourboulenc gekeltert.

Die Weine können sehr unterschiedliche Persönlichkeiten entwickeln, ohne dabei – abgesehen von einigen modernistischen Experimenten – ihren warmen, vollmundigen Geschmack und ihr üppiges Bukett von Früchten, ätherischen Pflanzen und Gewürzen zu verlieren, das sich in Richtung von Leder-, Tabak-, Trüffel- und Wildnoten entwickelt: ein Fest für die Gastronomie ...

Eine außergewöhnliche Geschichte

Zwischen dem römischen Orange und dem päpstlichen Avignon findet Châteauneuf seinen Platz in der Geschichte als päpstliche Sommerresidenz, und zwar jener Päpste – etwa Klemens' V. aus dem Bordelais oder Johannes' XXII., der aus Cahors stammte und maßgeblich an der Erfolgsgeschichte des päpstlichen Weinbaugebietes teilhatte –, die den Wein von Châteauneuf definitiv in den Adelsstand erhoben. Die mächtige, das Dorf überragende Papstburg wurde im 14. Jahrhundert errichtet. Heute sind davon nur noch Teile des Bergfrieds, ein Mauerstück und ein großes Kellergewölbe, der „päpstliche Weinkeller", der von der örtlichen Weinbruderschaft für ihre Versammlungen genutzt wird, erhalten. Ein Weinberg erinnert daran, dass hier der Ruf der Weine aus Châteauneuf begründet wurde. Von dort aus reicht der Blick bis zu den Alpilles, nach Avignon, bis zu den Dentelles de Montmirail und zum Mont Ventoux. Auf den Süd- und Osthängen liegen die Sträßchen des alten Dorfes im Schatten von Notre-Dame-de-l'Assomption, einer Kirche romanischen Ursprungs, die jedoch im Wesentlichen aus dem 18. und 19. Jahrhundert stammt. Überreste der

Stadtmauer aus dem 11. oder 12. Jahrhundert, alte Häuser und Brunnen, Kapellen wie etwa Saint-Théoderic aus dem 10. Jahrhundert: Zwischen Winzerhäusern und Weinkellern durchdringen sich Vergangenheit und Gegenwart und zeugen von einem niemals nachlassenden Schaffensdrang.

Kieselsteine und Weinberge

Das Rebenmeer um Châteauneuf reicht im Osten bis nach Courthézon und Bédarrides, im Süden bis nach Sorgues und im Norden bis nach Orange. Der Lehmboden der Plateaus und Terrassen des Weinlandes ist überzogen von dicken Kieselsteinen, die einst von der Rhône hierher getragen wurden. In der Nacht geben sie die Wärme ab, die sie tagsüber speichern – besser können die Trauben gar nicht reifen. Einige Terroirs jedoch haben einen sandigen Boden, der für besonders elegante Weine sorgt. Hangneigung, Ausrichtung, Boden und Größe

der Kieselsteine verleihen den Terroirs ihren individuellen Charakter. Insgesamt gibt es mehr als 120 Lagen, nach denen auch die Weingüter benannt sind: La Nerthe, Fortia (oder Fortiasse), Cabrières, Mont-Redon, La Gardine, Vaudieu, Le Rayas usw. Im Herzen des großen und bekannten Gebietes von La Crau im Südosten der Appellation erinnert die Domaine du Vieux Télégraphe am höchstgelegenen Punkt des Landstriches an den Telegraphenmast, den Claude Chappe hier Ende des 18. Jahrhunderts aufstellte. Und über die Jahrhunderte sind neben der Papstburg weitere Schlösser und Herrenhäuser entstanden: Die Schlösser La Nerthe, Fortia oder Vaudieu mit ihrer Architektur des 18. Jahrhunderts oder das Château des Fines Roches, eine bemerkenswerte mittelalterliche Nachbildung aus dem 19. Jahrhundert, zeugen vom andauernden Ruhm der Region.

Châteauneuf liegt am linken Rhône-Ufer im Schatten der Papstburg. Von ferne wacht der Mont Ventoux über das Dorf (folgende Doppelseite).

Condrieu

In steilen Terassen liegt der Weinberg von Condrieu über der Rhône. Hier wächst der Viognier, die bekannte lokale Rebsorte.

D er Weinbau und die Schifffahrt haben Condrieu im Laufe der Jahrhunderte geprägt. Mit der Lage am rechten Rhône-Ufer am Fuße des Pilat-Massivs war die Hinwendung zu diesen beiden Beschäftigungszweigen nur natürlich. Inzwischen ist die Fluss-Schifffahrt Geschichte; sie wurde durch modernere Transportmittel verdrängt. Doch die Schiffsleute haben in den glanzvollen Zeiten von Condrieu eine bedeutende Rolle gespielt und maßgeblich zur Berühmtheit der Weine beigetragen, die heute den Wohlstand der nördlichen Côtes du Rhône ausmachen.

Zwischen Bergen und Rhône

Steil fallen die Hänge zum Fluss herab. Nur mit gewagten, durch Mauern gestützten schmalen Terrassen lässt sich der schiefrige Granitboden kultivieren, und die Erträge sind gering. Beinahe hätten diese schwierigen geographischen Bedingungen und die mangelnde Wirtschaftlichkeit sowie der schwere Reblausbefall Ende des 19. Jahrhunderts dem Weinbau um Condrieu den Todesstoß versetzt. Erst in den 1970er-Jahren konnte er sich wieder erholen. Inzwischen hat das in einer Rhône-Schleife gelegene Dorf zu dem Wohlstand zurückgefunden, der ihm einst seine Stadtmauer und die Tour du Garon im oberen Dorf und hübsche Bauten im unteren Dorf bescherte – etwa das prächtige Maison de la Gabelle aus dem 16. und 17. Jahrhundert oder das Hôtel de Villars. Daneben kann man die schöne Kirche im romanischen Stil bewundern, die die Erinnerungen an die Fluss-Schiffer bewahrt.

Der königliche Viognier

Von Condrieu aus erstreckt sich das Weinbaugebiet entlang dem Fluss und den felsigen Schluchten, die sich in das Rhône-Ufer schneiden. Hier wächst ausschließlich der Viognier, jene Rebsorte, aus der die so verführerisch duftenden Weißweine von Condrieu entstehen. Ihr gehören die besten Hanglagen des Dorfes, aber sie gedeiht auch in Saint-Michel-sur-Rhône, Chavanay, Malleval, Saint-Pierre-de-Boeuf und Limony. Kaum 100 Hektar macht die Rebfläche auf diesem insgesamt 16 Kilometer langen Streifen aus, was jedoch zehnmal mehr ist als in den finsteren Nachkriegszeiten. Aus der bemerkenswerten Viogniertraube entsteht der beste Weißwein des Rhône-Tales, manchmal mild, gleichzeitig fein und vollmundig, mit einer Nuance von Veilchen, Aprikose und Mandel: der Condrieu.

Château-Grillet, der stille Star

Natürlich, der Viognier ist die große Rebsorte der einzigen Appellation an der Rhône, die dem Weißwein vorbehalten ist: Condrieu. Der Einzigen? Da wäre noch jene einzigartige Enklave zwischen Vérin und Saint-Michel-sur-Rhône, die den Namen des einzigen Weingutes der Appellation trägt: Château-Grillet. Sie ist kaum drei Hektar groß, liegt malerisch auf den Terrassen eines kleinen, gut geschützten natürlichen Amphitheaters in bester Südlage, mittendrin das Château aus dem 16. Jahrhundert mit seinen wesentlich älteren Weinkellern. Der Wein ist ein Geheimtipp, eine Art „Grand Cru" von Condrieu, trocken und gleichzeitig mild, mit feinen Nuancen von Blumen, Akazie, Früchten und leichtem Honig.

Gigondas

Idyll auf einem schattigen Plätzchen im Herzen von Gigondas in den Hügeln des Vaucluse.

Der Name Gigondas ist abgeleitet vom lateinischen Wort *iucunditas* – Vergnügen. Was bereitet den Einwohnern dieses Dorfes in den Hügeln des Vaucluse oberhalb der Ouvèze so viel Vergnügen? Die Schönheit der Landschaft oder ihr herrlicher Wein? Im Grunde sind diese beiden Dinge untrennbar miteinander verbunden: Es sind die Hänge am Fuße der beeindruckenden Dentelles de Montmirail, die dem Gigondas, der heute mit dem Châteauneuf-

du-Pape die Hierarchie der Rotweine von der Rhône anführt, seinen Charakter verleihen.

Eine Landschaft mit Charakter

Dort, wo die Alpen auf das Rhône-Tal treffen, liegt malerisch Gigondas. Lange war das Dorf ein im Comtat Venaissin eingeschlossenes Lehen des Fürstentums Orange, und bis heute hat es sich seinen Festungscharakter bewahrt. Die Stadtmauer, die lehnsherrschaftliche Burg und die Tour Sarrasine in der Ferne scheinen noch heute den Frieden des Dorfes zu sichern und die rund um die Kirche Sainte-Catherine verschachtelten Häuser und den Glockenturm zu schützen, der mit Sonnen- und Turmuhr den Lauf der Zeit verfolgt.

Der Weinbau wie der Olivenanbau in Gigondas gehen auf die Zeit der römischen Legionäre zurück. Später haben Mönche und Ordensfrauen deren Arbeit fortgesetzt. Seit dem kalten Winter 1956, der alle Olivenbäume zerstörte, konzentriert man sich ausschließlich auf den Weinbau. Unterhalb der weißen Steilwände der Dentelles de Montmirail mit ihren gezackten Kämmen und den gen Himmel weisenden Felsnadeln und der von Kiefern, Eichen und Ginster bewachsenen Region erstrecken sich die Weinberge über die Hänge bis in die Ebene über das auf halber Hanghöhe liegende Dorf hinweg. Der Boden, die Ausrichtung nach Westnordwest und die Rebsorten des Südens gehen hier eine gelungene Allianz ein, aus der feurige und dennoch elegante Weine hervorgehen, mächtig und langlebig, die heute zu den ausgeprägtesten Persönlichkeiten in der großen Weinfamilie der Côtes-du-Rhône gehören.

Ein ausdrucksvoller Grenache

Nachdem der Gigondas lange einfacher Côtes du Rhône und später Côtes du Rhône-Villages war, hat das Dorf seit 1971 seine eigene, heute 1300 Hektar große kommunale Appellation. Die kalkigen Sandböden des höher gelegenen Teils bringen eher harmonische Weine hervor, während die Sorten aus dem Schwemmland im unteren Bereich von wärmendem Charakter sind. Wichtigste Rebsorte ist der Grenache, dazu kommen Syrah und/oder Mourvèdre und einige andere. Der Grenache ist körperreich, aromatisch und würzig mit Nuancen von Pfeffer oder Lakritz und von geringer Säure. Hier, wo es weniger warm ist als in anderen Rhône-Appellationen, gewinnt er eine seltene Ausdruckskraft, Frische und Ausgewogenheit, was ihn in den Augen seiner Liebhaber zu etwas ganz Besonderem macht.

In den Hang gebaute alte Häuser (folgende Doppelseite) zwischen Olivenbäumen und Weinstöcken, darüber die Dentelles de Montmirail: Die Mauern von Gigondas künden von vergangener Macht.

Grignan

RHÔNE-TAL

Mit dem Mont Ventoux im Hintergrund erhebt sich Grignan auf seinem Fels aus dem Rebenmeer der Coteaux du Tricastin.

Die Erinnerung an Madame de Sévigné, die hier – fernab von Versailles – ausgedehnte Aufenthalte bei ihrer Tochter Madame de Grignan verbrachte, erfüllt das Dorf mit dem Hauch der Literatur. Die Briefschreiberin schwärmte in ihrer „voreiligen" Spontaneität von den Wohlgerüchen der aromatischen Pflanzen, Melonen, Feigen und Trauben, während sie die etwas rauen Winter des Tricastin, die Tage des Mistrals in den großen Räumen und Fluren des Schlosses beklagte ...

Der provenzalische Teil des Département Drôme

Mit dem Tricastin im Grenzbereich von Dauphiné und Provence beginnen die südlichen Côtes du Rhône. Man spürt bereits deutlich das Mittelmeerklima. Zu den Rebstöcken gesellen sich Mandel- und Olivenbäume sowie der Lavendel und natürlich die für den berühmten Trüffel der Region unentbehrlichen Eichen. In dieser Landschaft erhebt sich an der Straße nach Valréas und Saint-Pantaléon-les-Vignes auf einem Felsen über dem Dorf die mächtige Silhouette des Château de Grignan, ehemals mittelalterliche Festung, später umgebaut zu einem sich nach Süden öffnenden Renaissancepalast. Das Bauwerk beherrscht die grau-rosafarbenen, mit Moos überzogenen Dächer am Nordhang.

Charme und Ausgewogenheit

Ob sandiger oder steiniger Untergrund, die Terroirs der Coteaux du Tricastin, seit 1973 mit AOC-Status, machen das Beste aus der nördlichen Lage im klimatischen Einflussbereich des Mittelmeeres: Die Weine sind frisch und fruchtig, von lebendiger Eleganz mit oftmals süffigem Charakter, was sie von den benachbarten Côtes du Rhône im Süden unterscheidet. Grenache, Syrah, Cinsault und Carignan sind die wichtigsten Rebsorten, wobei der Syrah an Bedeutung gewinnt und den hier in der Hauptsache produzierten Rotweinen eine fruchtigere, leicht pfeffrige Nuance verleiht.

An seinem Fuße ziehen sich die Straßen um den Hügel, still bewacht von einem Torturm aus dem 12. Jahrhundert. Hier befindet sich natürlich ... die Place de Sévigné.

Die herrliche Schlossterrasse auf dem Dach des Saint-Vincent-Stifts, des letzten Domizils der Madame de Sévigné, bietet einen weiten Blick auf die Dentelles de Montmirail und den Mont Ventoux, die Ebene des Comtat Venaissin, die Alpilles und – am jenseitigen Rhône-Ufer – die Berge des Vivarais. In einigen Kilometern Entfernung lockt mit bescheideneren Besitzungen das kleine Dörfchen Taulignan mit seinen engen Gassen, Plätzen und Brunnen sowie seiner mittelalterlichen Stadtmauer mit insgesamt elf Türmen. Von November bis März, wenn die Côteaux du Tricastin mit ihrem Aroma von Früchten und Gewürzen heranreifen, hält der Trüffel Einzug auf dem Sonntagsmarkt von Taulignan, und montags kann man ihn dann in Grignan kaufen.

Mächtig überragt das berühmte Schloss von Grignan die Dächer des Ortes.

Séguret

RHÔNE-TAL

Gewundene, gepflasterte Gassen und ziegelgedeckte alte Häuser machen den Charme von Séguret aus.

D ie Ouvèze entspringt in den Baronnies und fließt kurz hinter Sorgues in die Rhône. Auf ihrem Weg passiert sie Vaison-la-Romaine, wendet sich nach Süden, führt vorbei an den Hängen und Kalkfelsen am Fuße der Dentelles de Montmirail, einer zerklüfteten Steilwand am linken Ufer, die sich über die Ebene des Comtat Venaissin erhebt. Dort liegt auf einem Fels im Schatten der herrschaftlichen Burg Séguret, ein reizendes, malerisches Dorf provenzalischen Ursprungs, das seit dem Mittelalter beinahe unverändert geblieben ist. Zwischen den alten ockerfarbenen Häusern schlängeln sich die steilen, mit Steinen der Region gepflasterten Gassen hinauf zu dem kleinen Platz mit dem Mascarons-Brunnen und seinen vier Wasser speienden grotesken Figuren, oder zur Kirche Saint-Denis, einem nüchternen, einfachen Gebäude aus dem 12. Jahrhundert.

Weinberge, Olivenbäume und Obstgärten

In der üppigen Landschaft, auf den Terrassen und sanften Hügeln, die sich der Ebene zuneigen, wechseln sich Weinberge, Olivenbäume und Obstgärten ab. Séguret hat, wie das gesamte Ouvèze-Tal, eine große und alte Winzertradition. Heute gehört das Dorf zur Familie der Côtes du Rhône-Villages, neben den großen Crus das Beste, was die Rhône zu bieten hat. Dennoch übt man sich hier in Bescheidenheit, hält sich zurück, ist mehr der dörflichen Ruhe zugetan als dem Medienrummel. Seit 1960 hat Séguret eine gemeinsame Winzergenossenschaft mit Roaix, einem friedlichen Dorf am jenseitigen Ufer der Ouvèze. Derlei Bescheidenheit in einer so großartigen Landschaft macht den Besuch zu einem besonderen Vergnügen und die Weinverkostung vor Ort zu einem Hochgenuss.

Eine kommunale AOC Villages

Die Appellation Côtes du Rhône-Villages Séguret ist eine der für das südliche Rhône-Tal typischen kommunalen AOCs, wobei die Hälfte der insgesamt 16 Dörfer im Département Vaucluse liegt. In Séguret entstehen – neben einigen Rosés – hauptsächlich Rotweine, gebaut aus Grenache, Syrah, Cincault, Mourvèdre und einigen weniger bedeutenden Rebsorten. Sie sind vollmundig mit dem Aroma reifer Früchte und verschiedenen Gewürznoten. Wie alle Weine aus dem Ouvéze-Tal lassen sie sich nach dem Vorbild der Spitzenweine aus Gigondas und Vacqueyras gut lagern. Die selteneren Weißweine bestechen durch Zusammensetzungen, die die Rebsorten Clairette, Grenache Blanc, Roussanne, Marsanne und Bourboulenc enthalten können.

Mit der beeindruckenden Kulisse der Dentelles de Montmirail im Hintergrund ist Séguret eines der schönsten Dörfer der südlichen Côtes du Rhône.

Les Baux-de-Provence

PROVENCE

Weinberge, Oliven- und Mandelbäume sowie Zypressen machen den unverwechselbaren Charakter der felsigen Landschaft von Les Baux-de-Provence aus.

Als letzte Erhebung vor der Crau-Ebene, der Camargue und dem Meer bieten die Alpilles den furiosen Angriffen des Mistralwindes die Stirn. Ihre dicht gedrängten, jedoch nicht besonders hohen Hügel und Felsgruppen erstrecken sich zwischen Rhône und Durance. Im westlichen Teil liegt auf einem Sporn aus Kalkstein (*baou* auf Provenzalisch, daher Baux) über steilen Felswänden die Zitadelle von Les Baux-de-Provence und beherrscht das Val d'Enfer und das Vallée de la Fontaine. Die teils in den Stein gehauene, teils gemauerte Festung thront hoch über den Weinbergen und den von Mandelbäumen und Zypressen durchsetzten Olivenwäldern. Hier wird seit dem 19. Jahrhundert Bauxit abgebaut, ein cremeweißes bis rötliches Gestein, das reich an Tonerde und Eisenoxid ist und aus dem Aluminium gewonnen wird.

Die Ruinenstadt und die alten Häuser im „unteren" Dorf verschmelzen mit dem Fels und bieten einen faszinierenden Anblick.

Die „Akropolis der Provence"
Mit diesen Worten des Schriftstellers André Suarès ist beinahe alles über die Großartigkeit von Les Baux gesagt. Seit dem 11. Jahrhundert waren die Stadt und ihr Lehen bekannt für ihre Unabhängigkeit, ja ihre Rebellion, ganz nach

Die malerischen Gassen des Dorfes (links) und die typisch provenzalische Landschaft (rechts) machen Les Baux-de-Provence zu einem unvergesslichen Erlebnis.

dem Vorbild der unbeugsamen Lehnsherren von Les Baux. Der Zitadelle von Les Baux sieht man das auch an: Ihre Mauern verschmelzen mit dem steilen Felsen, und über allem wacht der Bergfried aus dem 13. Jahrhundert. Die Ruinenstadt – ein Chaos aus Steinen, Mauerresten, verfallenen Türmen und Häusern – erhebt sich wild und eindrucksvoll über das „untere" Dorf auf dem West- und Osthang. Jener untere Dorfteil ist entstanden, als Les Baux in die Grafschaft Provence und dann in das Königreich Frankreich integriert wurde. Sie ist reich an Bauten aus dem 15. und 16. Jahrhundert; zu nennen sind etwa das Hôtel

de Manville, heute Museum und Rathaus, das Hôtel des Porcelets, heute das Yves-Brayer-Museum, die alte Kapelle, heute ein Krippenmuseum, oder der kleine Renaissancetempel, genannt „Pavillon de la reine Jeanne", weiter unten im Vallée de la Fontaine. Aus früheren Zeiten stammt die halb in den Stein gehauene, halb im romanischen Stil erbaute Kirche Saint-Vincent, der gegenüber seit dem 17. Jahrhundert die nüchterne und einfache Kapelle der Penitents Blancs (Weiße Büßer) steht.

Der Weinbau ist allgegenwärtig

Größer könnte der Kontrast zwischen dem wohlgeordneten Dorf und der wilden, durch Erosion und Mistral zerklüfteten Natur, wie man sie aus den provenzalischen Werken Van Goghs kennt, kaum sein. Ebenso kontrastiert sie mit dem regelmäßigen Muster der Weinberge, die sich in Licht, Sonne und Wind nördlich und südlich der Alpilles beiderseits von Les Baux erstrecken. Die Weinberge gab es vermutlich schon in der riesigen römischen Provinz *Narbonensis*, wo die Römer in der Nachfolge der Massalioten den Weinbau einführten. Die Ausgrabungen von Glanum an der Straße nach Saint-Rémy-de-Provence bezeugen eindrucksvoll den Wohlstand an der Via Aurelia, die damals von Rom nach Arles führte. Neben dem gleichnamigen Dorf adelt die Appellation Les Baux-de-Provence auch die malerischen Orte Saint-Rémy-de-Provence, Saint-Étienne-du-Grès, Mouriès, Maussanne, Le Paradou und Fontvieille, jenes an der Straße nach Arles gelegene Dorf, dessen Mühle Alphonse Daudet in seinem Werk verewigte. Diese Mühle steht für die traditionelle Provence, wo der Schriftsteller gerne Heilung „von Paris und seinem Fieber" suchte ...

Identitätsgewinn

Lange gehörte das Gebiet um Les Baux-de-Provence zur Appellation Coteaux d'Aix-en-Provence, zunächst als VDQS, seit 1985 als AOC. 1995 dann erhielt der kleine, westlich gelegene Teil der Region seine eigene AOC für Rot- und Roséweine (auch für das hiesige Olivenöl gibt es eine AOC). Damit wurde der Besonderheit des Terroirs Rechnung getragen, das seinen Weinen durch die trockenen, steinigen Böden, das warme, trockene, windreiche, dennoch ausreichend feuchte und einer frühzeitigen Reife zuträgliche Klima eine Unverwechselbarkeit beschert, die vermutlich von homogenerem Charakter ist als in den Coteaux d'Aix. Die Baux-de-Provence werden auf einer Basis von Grenache und Syrah gebaut, ergänzt durch Mourvèdre und ein wenig Cabernet-Sauvignon sowie Cinsault bei den Roséweinen. Gleichzeitig warm und elegant, nach einigen Jahren der Lagerung von angenehmer Harmonie, gehören sie sicherlich zu den interessantesten Weinen der Provence.

Bonnieux

PROVENCE

Linker Rand: Die verschachtelten alten Häuser von Bonnieux drängen sich im Schatten der Kirche an einen Hang der überwältigenden Landschaft des Luberon-Massivs (folgende Doppelseite).

Brücke Pont Julien führt seit dem 1. Jahrhundert v. Chr. über den Calavon. Als Teil der Via Domitia, des „römischen" Weges der Provenzalen, ist sie ein Zeugnis der römischen Besiedlung. Und die räumliche Konfrontation des katholischen Bonnieux mit dem protestantischen Lacoste – in dessen Schlossruine noch der Geist des Marquis de Sade umgeht – weckt Erinnerungen an blutige Episoden der Geschichte.

Ein Dorf im hohen Luberon

Bonnieux liegt hoch über dem Calavon-Tal und der Landschaft um Apt mit ihren Ockerfelsen. Eng schmiegt sich das Dorf an die pyramidenförmige Silhouette des Felsenhügels, die ihren Abschluss mit einer die Kirchturmspitze noch überragenden Marienstatue findet. Die halb gotische, halb romanische Kirche mit einem steinernen Ziegeldach ist umgeben von Zedern und Zypressen. Von ihrer Terrasse blickt man auf Lacoste, Gordes, Roussillon und – in der Ferne – den Mont Ventoux. Die von der Stadtbefestigung erhaltenen steilen Gassen bestehen aus den typisch hellen Steinen der Region. Alte Bauwerke, etwa das Hôtel de Rouville, das heute Rathaus ist, erinnern an den vergangenen Reichtum der einst päpstlichen Stadt, die Enklave des Comtat Venaissin in der Provence war. Von damals bis zur jüngeren Zeit der Winzergenossenschaften war der Weinbau stets Teil der von Trockenmauerhütten übersäten Landschaft, und die Weinberge zwischen den Festungsanlagen und Dörfern verleihen den Attraktionen des Naturparks Luberon einen würdigen Rahmen.

Die von Steineichen eingefasste Combe de Lourmarin, in der der Aigebrun fließt, trennt den Petit Luberon vom Grand Luberon. Darüber wacht im Norden Bonnieux, eines der zahlreichen Dörfer, die sich an der Nordseite des Bergzugs aneinander reihen. Dort trotzen sie den Gefahren, an denen es hier nie mangelte – bereits in der Jungsteinzeit waren diese Orte umkämpft ... Die beeindruckende

Die Wiedergeburt der Côtes du Luberon

Nachdem im Luberon lange nur Tafelweine produziert wurden, hat ihm die Wiederentdeckung der alten Winzertraditionen 1988 die AOC Côtes du Luberon beschert. Verteilt über den Norden – von Maubec bis Apt – und den Süden des Bergzugs – von Puget-sur-Durance bis nach Grambois und Mirabeau –, gehören ihr insgesamt 36 Dörfer an, die alle im Naturpark Luberon liegen. Auf den 3400 Hektar sandigen und von Kalksteinen durchsetzten Böden wachsen die traditionellen Rebsorten der Rhône. In den dichten Rotweinen mit dem charakteristischen Aroma roter und schwarzer Beeren mit einem Hauch von Unterholz und Champignon dominieren Grenache und Syrah. Dieselben Rebsorten des Südens, deren Reifung durch die nächtliche Abkühlung verlängert wird, ergeben ausdrucksstarke, elegante Roséweine mit ausgeprägter Fruchtnote. Auch die Weißweine sind bemerkenswert: Aus Grenache Blanc, Ugni Blanc, Clairette, Bourboulenc, Rolle und Roussanne gebaut, vereinen sie in sich blumige und fruchtige Noten.

Unterhalb von Bonnieux liegen die Weinberge des Dorfes, die heute zur AOC Côtes du Luberon gehören.

Brignoles

PROVENCE

Kleine Sträßchen, Plätze und Brunnen machen das stille Wesen der provenzalischen Dörfer im Var aus.

Die Côte d'Azur mit ihren Stränden und Touristen scheint hier fern. In der Hügellandschaft im Hinterland des Var liegen ländliche Dörfer zwischen Weinbergen und Olivenhainen, und im kühlen Schatten wachsen Wacholdersträucher, Kiefern und Eichen. Inmitten der üppigen, von Sonne und Licht verwöhnten Vegetation blitzt hier und da ein Flecken des rötlichen Bauxitbodens hervor. Von den Osthängen des Sainte-Baume-Massivs hinab fließt der Caramy unterhalb der merowingischen Chapelle de la Gayolle zwischen Weinbergen hindurch, passiert die romanische Abtei von La Celle – heute Sitz der Maison des Vins des Coteaux Varois – und gelangt dann nach Brignoles, einst Sommerresidenz der Grafen der Provence. Schließlich mündet das Flüsschen kurz vor der Abtei von Thoronet, einem Meisterwerk der provenzalischen romanischen Architektur, dessen karge Mauern einen starken Kontrast zur wilden Natur bilden, in den Argens.

Im Herzen der „grünen" Provence

Brignoles liegt auf einem Hügel im Herzen des Weinbaugebietes des Var. Seine alten Gassen winden sich ellipsenförmig um den Palast der Grafen der Provence, ein hübsches Bauwerk aus dem 13. Jahrhundert mit einer Kapelle aus dem 16. Jahrhundert, das heute das Heimatkundemuseum beherbergt. Sein interessantestes Ausstellungsstück ist ein Sarkophag aus dem 3. Jahrhundert, der aus der Chapelle de la Gayolle stammt und vermutlich der älteste des gesamten christlichen Galliens ist. Über den Ziegeldächern ragt der Turm von Saint-Sauveur hervor, einer typisch provenzalischen Hallenkirche mit einem großzügigen gotischen Schiff und einem romanischen Portal. In den umliegenden Gässchen gibt es zahlreiche alte Häuser, Überreste der Stadtmauer, Türme und Tore wie etwa die Porte Saint-François oder die Porte Saint-Pierre, in der einst die „Schwarze Madonna" aufbewahrt wurde, die sich heute im Museum befindet.

Die Weinstöcke an den Hängen der „grünen" Provence gehören zur großen Familie der provenzalischen Rebsorten, die mit der 1993 neu geschaffenen AOC Coteaux-Varois wieder belebt wurde. Rund um Brignoles entstehen daraus in 27 weiteren Dörfern Weine mit den verschiedensten Nuancen, in deren charakteristischer Frische sich die Einflüsse des maritimen Klimas mit denen der, gegenüber den Küstenanbaugebieten höheren Lage verbinden.

Die Abtei von La Celle

Die im 11. Jahrhundert errichtete königliche Abtei von La Celle ist das Kleinod der romanischen Architektur im Var. Einst war sie ein berühmtes Frauenkloster, das jedoch aufgrund eines Skandals im 17. Jahrhundert geschlossen wurde ... Heute ist das restaurierte Gebäude im Besitz des Conseil Général du Var und beherbergt die Maison des Vins des Coteaux Varois mit dem Weinmuseum. Außerdem finden dort Ausstellungen und Weinproben statt. Auf einem Weinberg der Abtei werden 24 provenzalische Rebsorten, darunter einige seltene, vor dem Aussterben bewahrt. Außerdem gibt es einen „Modell"- und einen „Beobachtungs"-Weinberg, die das genaue Studium der Rebsorten der AOC Coteaux Varois erlauben, und das in einem höchst angenehmen und historisch bedeutenden Rahmen.

Der ehemalige Palast der
Grafen der Provence an der
Place du Palais-Comtal
beherbergt heute das
Heimatkundemuseum.

Cassis

In der tiefen Felsenbucht von Cassis (folgende Doppelseite) sind die Weinberge in Terrassen auf den steilen Hängen angelegt.

„Das Gesicht in der Sonne und die Füße im Meer". Besser als der Provenzale Frédéric Mistral kann man Cassis gar nicht beschreiben. Die Poesie ist hier allgegenwärtig. Die außergewöhnlich günstige Lage am Mittelmeer lockte in der Antike bereits die Griechen hierher. Die ockerfarbenen Häuser von Cassis in seiner von Hügeln und Felsklippen eingefassten Bucht werden vom 400 Meter hohen Cap Canaille überragt, einem weißen, gelbrot schimmernden Steilfelsen.

Cassis und seine Weine

Als nur 180 Hektar große AOC, deren sonnenverwöhnte Terrassenfelder mit ihren Kalkböden zum Meer hin angelegt sind, verwendet Cassis drei Viertel seiner Trauben zur Herstellung seines berühmten Blanc de Blancs: Gebaut aus den weißen Rebsorten Clairette, Marsanne, Ugni Blanc, Bourboulenc – die hier Doucillon heißt – und Sauvignon, vereinen sich in ihm deren aromatische Noten, und es entsteht ein Wein von deutlich maritimem Charakter. Die Rot- und Roséweine, gefällig und warm, bestehen aus Grenache, Cinsault und Mourvèdre.

Das „impressionistische" Licht lässt den kleinen Fischerhafen – heute eher ein Anziehungspunkt für den Sommertourismus – und die Felsbuchten in der Umgebung wie ein Gemälde des Malers Paul Signac erscheinen, der die Schönheit dieser Landschaft so sehr schätzte.

Eine außergewöhnliche Lage
An den Hängen rund um die Bucht und am Fuße des Cap Canaille wachsen auf großen Terrassenfeldern zwischen Kieferngruppen und

Olivenbäumen in langen Reihen die Rebstöcke. Diese natürliche Schutzlage nimmt dem Mistral seine Gewalt, und das feuchte maritime Klima geht einher mit einer intensiven Sonneneinstrahlung. Da überrascht es nicht, dass sich bereits im 11. Jahrhundert Mönche aus Marseille hier zum Weinbau berufen fühlten, ebenso wie König René im 14. Jahrhundert und schließlich die Florentiner im 16. Jahrhundert ... und dass Cassis zu Beginn des 20. Jahrhunderts, als man den Weinbau nach den Reblausepidemien wieder aufbaute, neben Arbois und Châteauneuf-du-Pape zu den Wegbereitern der AOCs gehörte: Man verteidigte ein Terroir und eine Identität.

Eine Identität, die – was in der dem Rosé verschriebenen Provence äußerst selten ist – bestimmt ist durch einen klaren, charaktervollen Weißwein, der – um es wieder mit dem großen Dichter zu sagen – „nach Rosmarin, Erika und Myrte riecht" und ausgezeichnet zu Bouillabaisse, Anchovispaste und Aïoli, aber auch zu Wolfsbarsch und Drachenkopf passt.

Im Hafen von Cassis taucht das Licht des Mittelmeers Boote und Häuser in die herrlichsten Farben.

Ménerbes

„Ein steinernes Schiff in einem Rebenmeer". Dieses Bild aus der Feder des Nostradamus aus dem 16. Jahrhundert bleibt bis heute die beste Beschreibung des Dorfes Ménerbes. Den Luberon im Rücken, überblickt es von seinem Fels aus die Ebene, die sich nach Norden bis zu den Bergen des Vaucluse erstreckt. Am Horizont erkennt man die Silhouette des Mont Ventoux. In den bewegten Zeiten der Religionskriege wurde die Festung von Ménerbes erst nach langer Belagerung – der einzigen Waffe gegen eine solch uneinnehmbare Position – aufgegeben.

Ein befestigtes Dorf

Steile Gassen auf dem Weg zum Gipfel (rechts), befestigte Gebäude rund um die Stadt – Ménerbes gehört zu den malerischsten Dörfern der Côtes du Luberon (folgende Doppelseite).

Die der Form des Felsens folgende mittelalterliche Stadtmauer stützt die am Steilhang liegenden Gebäude und erstreckt sich vom „Bug" im Osten bis zum „Heck" im Westen. Darunter liegen die in Terrassen angelegten, baumbewachsenen Hänge. Auf dem Bug thront die häufig zerstörte und wieder aufgebaute Zitadelle aus dem 13. Jahrhundert, das Heck ziert die schlichte Kirche aus dem 14. Jahrhundert mit einem terrassenförmig angelegten Friedhof, in dessen Stille man den Ausblick auf die weite Landschaft genießen kann. Weiter unten liegt in

vorgerückter Verteidigungsposition ein kleines Kastell im Stil des Mittelalters und der Renaissance mit zwei wuchtigen Türmen. Im Herzen des Dorfes gruppieren sich die verschachtelten Häuser aus dem 16. und 18. Jahrhundert um gut geschützte, ja geheime Gärten, während das ehemalige Rathaus seinen Turm mit dem schmiedeeisernen Glockengiebel, der typisch für diese vom Mistral immer wieder gebeutelte Landschaft ist, in den Himmel reckt.

Alte Tradition, junge Appellation

Das Blau des Himmels über dem Luberon, das im Sonnenlicht mit dem Boden und seinen Pflanzen kontrastiert, findet sich wieder im intensiven Blau der Bilder von Nicolas de Staël, die teilweise im Atelier des Kastells von Ménerbes entstanden sind. Rund um das Dorf wachsen im Schutze der Zitadelle in ordentlichen Reihen, aufgelockert durch das Relief der Landschaft, die mediterranen Rebsorten Grenache, Syrah, Clairette und andere. Lange unterschätzte man die Côtes-du-Luberons-Weine trotz der langen lokalen Weinbautradition, doch 1988 wurden sie endlich in den Reigen der AOCs aufgenommen und gehören heute zu den großen Appellationen des provenzalischen Rhône-Tales.

Das Korkenziehermuseum

Sicherlich ist die Domaine de la Citadelle in Ménerbes durch ihre Weine von den Côtes du Luberon bekannt geworden – aber auch durch ihr Museum, das in einem hübschen Teil des Gebäudes mehr als 1000 Korkenzieher aus aller Herren Länder zeigt. Aufgekommen ist der Korkenzieher mit der Entwicklung von Flasche und Korken, doch bis zur Verbreitung der Flaschenabfüllung war er stets ein Luxusgegenstand. Ob aus Holz, Bronze, Gold, Silber oder Stahl – Korkenzieher gibt es mit den verschiedensten Verzierungen, und ihre Technik wurde mit doppelten Gewinden, Haken- und Hebelsystemen usw. immer ausgereifter. Der Fantasie sind dabei keine Grenzen gesetzt: Nichts ist zu schön für den Schlüssel zu einer Welt von Träumen.

Saint-Roman-de-Bellet

Nizza

Dank der Reben auf den Terrassen der Hügel nordwestlich von Nizza erlebt der Weinbau der Appellation Bellet eine Renaissance.

K urioserweise gehören der kleine Weiler Saint-Roman-de-Bellet und seine der AOC Bellet zugehörigen Rebflächen zur Stadt Nizza. Nizza, das sind eigentlich die Engelsbucht und die Promenade des Anglais, die Altstadt und ihr Blumenmarkt, die römischen Überreste von Cimiez, die Barockarchitektur der sakralen Gebäude, die beinahe dörflichen Gassen und das kosmopolitische Treiben, der Karneval und die Küche ... Doch das Stadtgebiet dehnt sich bis in die Ausläufer der Voralpen aus, die von der Hauptstadt der Côte d'Azur immer mehr vereinnahmt werden.

Ein Weinberg in der Stadt

Lange, nämlich bis zum Bau der Eisenbahn, beschränkte sich das Stadtgebiet auf das „Vieux Nice", die heutige Altstadt. Damals verfügte die Stadt mit den Hügeln von Bellet im Nordwesten am linken Var-Ufer in der Nähe von Saint-Roman-de-Bellet über ein großes Weinbaugebiet – mehr als 1000 Hektar, die Ende des 19. Jahrhunderts durch Reblausepidemien auf ein Nichts reduziert wurden. Dennoch erwachte der Weinbau wieder zum Leben: 1941 erhielt Bellet aufgrund seiner großen Vergangenheit AOC-Status, und seitdem setzt sich der Wein Hektar um Hektar gegen Gemüseanbau und Nelkenzucht durch, die den Villen ihre Terrassen streitig machen. Und dabei handelt es sich um erstklassige Lagen. Von den 650 Hektar der Appellation sind erst rund 50 Hektar Rebfläche. Darin liegt malerisch der kleine, zu Nizza gehörige Weiler Saint-Roman-de-Bellet mit seinem ländlichen Charme. Schlösser und Weingüter verteilen sich auf seinen stufenförmig angelegten, von Oliven- und Eukalyptusbäumen gesäumten Hängen. Die mageren Böden der schmalen Terrassen kommen in den Genuss einer bemerkenswerten Sonneneinstrahlung, doch am Morgen weht ein kühler Wind von den Bergen, und abends erfrischt der Wind vom Meer. Die Aussicht auf die Alpen und das Var-Tal ist fantastisch, und der Wein, der etwas lebendiger ist als seine Brüder aus dem Süden, trägt in sich etwas von dieser Vereinigung der provenzalischen Sonne, des nahen Meeres und der benachbarten Berge.

Ursprüngliche Rebsorten

Bemerkenswert an Bellet ist neben der städtischen Lage auch der Anbau von fast ausschließlich lokalen Rebsorten. In den Rotweinen vermählt sich der feine und reichhaltige Braquet, der häufig Basis für die Roséweine ist, mit der Folle Noire, einer aromatischen, jedoch eigenwilligen Traube von kräftiger Farbe, gelegentlich kombiniert mit Grenache und Cinsault. Der weiße Rolle aus der italienischen Vermentino-Familie zeigt hier sein ganzes Können, gelegentlich zusammen mit dem nicht gerade provenzalischen Chardonnay. Anders als die übrigen Weine der Provence sind die Bellets in allen drei Farben von einer besonderen Eleganz – voller Duft, Frische und Leichtigkeit.

Auf den Hügeln rund um Nizza schmücken Weinberge, Wälder und wunderschöne Anwesen – etwa das Château de Bellet, ein prächtiges Weingut (folgende Doppelseite) – die Hänge.

Patrimonio

KORSIKA

In der weitläufigen Region des Nebbio, die sich in Form eines offenen Amphitheaters gen Westen zum Cap Corse erstreckt, liegt zwischen Bergen und Meer Patrimonio. Wenige Kilometer entfernt von den Touristenströmen im kleinen Hafen Saint-Florent lebt das Dorf im Rhythmus seiner Weinberge. Sein reiches Land war im Laufe der Jahrhunderte Ziel zahlreicher Invasoren – insbesondere der Genueser –, die sich eine strategisch gute Position im Mittelmeer sichern wollten, aber auch durch das Weinbaugebiet, die Oliven- und Kastanienhaine sowie die Obstgärten gelockt wurden.

Die Conca d' Oro

Dieser Reichtum hat der Landschaft den Namen Conca d'Oro – Goldschnecke – eingebracht. Sie windet sich in Richtung Meer und beherrscht den Golf des Fischerdörfchens Saint-Florent, wo die Flüsschen Poggio, Alisio und Guadelle zusammenlaufen. Der Ort ist berühmt für seine genuesische Zitadelle und die wunderschöne Kathedrale des Nebbio, ein romanisches Bauwerk aus ockerfarbenem Kalkstein mit einer zarten Ornamentierung, das der Stolz der ganzen Region ist. Etwas zurückgezogen in den Ausläufern des Gebirges, dessen höchste Erhebung der Col de Teghime – mit fantastischer Sicht auf die West- und Ostküste sowie auf die Serra di Pigno – ist, bevor es

Das beste Weinbaugebiet auf Korsika

Als Patrimonio 1968 die erste AOC Corse wurde, begann der Wiederaufstieg des Weinbaus, und mit den 1980er-Jahren erlebten die traditionellen Qualitätsrebsorten eine Renaissance. Auf den lehmigen Kalkböden von Patrimonio ist der Nielluccio, der Zwillingsbruder des toskanischen Sangiovese, die beherrschende rote Traube. Die deutlichen, jedoch samtenen Gerbstoffe und die angenehme Säure garantieren die Ausgewogenheit und Lagerfähigkeit der tempermantvollen, würzigen und eleganten Weine. Der Vermentino – hier Malvoisie Corse genannt – verleiht den Weißweinen eine große aromatische Finesse mit Nuancen von reifen Früchten und weißen Blüten. Schließlich sind noch die Muscatweine vom Cap Corse zu nennen, süß und mild, mit intensiven Aromen und sonnengetränkt.

nach Bastia wieder abfällt, liegt Patrimonio mit seinen Weinbergen, die sich über die bis zur Küste reichenden Hügel und Hänge erstrecken. Oberhalb des Reblandes breitet sich die felsige Garrigue aus, darunter erblickt man auf halber Hanghöhe als Erstes die Kirche Saint-Martin von Patrimonio. Das hübsche, solide Bauwerk aus dem

16. Jahrhundert hat einen hohen Glockenturm aus dem 19. Jahrhundert, und sein grobes Mauerwerk mit den regelmäßigen Gerüstlöchern fügt sich hervorragend in die raue Gebirgslandschaft ein. Im Schatten der Kirche erinnert ein nüchterner Menhir aus dem 8. oder 9. Jahrhundert v. Chr. an die uralte Geschichte der Insel. Die Rebzeilen des Nielluccio und Malvoise erklimmen in Richtung der Nachbardörfer Poggio d'Oletta und Oletta die Ausläufer des Mont Sant'Angelo. Weiter unten verlaufen sie entlang von bizarren, durch Erosion entstandenen Kalksteinformationen, um schließlich erfrischt von Gischt und Seeluft im Meeressand von Farinol zu enden ...

Das bescheidene Dorf Patrimonio am Fuße der Berge im Hinterland des Golfes von Saint-Florent bietet einen Panoramablick auf das nach ihm benannte Weinbaugebiet.

Lagrasse

LANGUEDOC

An den Ufern des Orbieu zwischen Weinbergen und Olivenbäumen liegt Lagrasse in einer geschichtsträchtigen Landschaft.

D ie Montagne d'Alaric zwischen Carcassonne und Narbonne ist nicht nur ein außergewöhnliches Orchideenschutzgebiet: Der Berg am Tor zum Land der Katharer hat eine sehr wechselvolle militärische und religiöse Geschichte. Die befestigten Dörfer, Burgen und Abteien rund um das Felsmassiv fügen sich perfekt in die raue Landschaft ein, die ihre Wildheit, wenn auch gemildert durch Rebstock und Olivenbaum, nie verloren hat, weder zu gallorömischen Zeiten noch heute.

Ein Terroir der Corbières

Der größte Trumpf für die Vielfältigkeit der AOC Corbières sind ihre Rebsorten: für die Rotweine im Wesentlichen Carignan, Grenache, Syrah, Mourvèdre und Cinsault, für die Weißen Grenache Blanc, Maccabeu, Bourboulenc, Clairette, Marsanne, Roussanne und Muscat. Ein solcher Reichtum erlaubt eine große Freiheit im Ausdruck. Die Weine aus der Gegend um Lagrasse mit ihrem mediterranen Klima und der gleichzeitig späten Reifung sind vollmundig und ausgewogen, fein und ausdrucksstark, ausgesprochen aromatisch mit dem Duft von Früchten akzentuiert durch die Wohlgerüche der Garrigue ...

Eine Abtei am Ufer des Orbieu

Der Orbieu entspringt im Herzen der Corbières, bahnt sich seinen Weg durch Schluchten und rebbepflanzte Becken, passiert Lagrasse am Fuße des Alaric und fließt weiter im Nordwesten bei Narbonne in die Aude. Am Zusammenfluss von Alsou und Orbieu erfreut sich das von Bergen umgebene Lagrasse einer bemerkenswerten Lage. Weinberge und Olivenhaine reichen bis zur Mitte der Hänge, darüber beginnen Garrigue und Wälder. Am jenseitigen Ufer auf der anderen Seite des Pont Vieux erhebt sich die große Benediktinerabtei Sainte-Marie-d'Orbieu, der das Land seit karolingischen Zeiten vieles verdankt. Über den frühromanischen Turm aus dem 10. Jahrhundert bis zum Kreuzgang aus dem 18. Jahrhundert haben sich alle Epochen in ihren Mauern verewigt: Abteikirche, Kapelle, Palais Vieux und Schlafsaal aus dem 13. Jahrhundert, der monumentale Glockenturm aus dem 14. Jahrhundert und der Palais Neuf aus dem 18. Jahrhundert ergeben ein bemerkenswertes Ensemble. Von den elliptisch angelegten Befestigungsmauern des mittelalterlichen Dorfes bestehen noch die Tour de Plaisance aus dem 12. Jahrhundert und die Porte de L'Eau am Ufer des Orbieu aus dem 14. Jahrhundert. Erhalten geblieben ist auch das Straßennetz mit seinen kleinen Plätzen und alten Häusern – Maison Maynard, Maison Lautier, Maison Sibra, ehemaliges Pfarrhaus und heute Maison du Patrimoine –, und über allem wacht der mächtige Glockenturm der gotischen Kirche Saint-Michel. Lagrasse, was auf Okzitanisch „die Fruchtbare" bedeutet, hat sich ganz dem Weinbau verschrieben. Das durch die Höhenlage leicht abgekühlte mediterrane Klima, die Montagne d'Alaric, die vor dem Nordwind schützt und die „Terra-rossa"-Böden auf ihrem kalkigen Untergrund bieten beste Voraussetzungen für das Entstehen eines Charakterweines: Lagrasse ist eines von elf Terroirs, aus denen die große Appellation Corbières besteht.

Straßen und kleine Plätze
mit alten Fassaden (links),
eine durch die alte
Stadtmauer vorgegebene
elliptische Form (folgende
Doppelseite): Lagrasse
trägt die Zeichen der
Vergangenheit.

Minerve

LANGUEDOC

Umgeben von steilen Schluchten thront Minerve stolz auf seinem Felsen. Das Dorf hat der Appellation Minervois ihren Namen gegeben.

Lange war Minerve auf seinem Felsen über dem Zusammenfluss von Cesse und Brian ein isoliertes Dorf. Die großartige Umgebung ist geprägt von den letzten Ausläufern der Cevennen: Zwischen Garrigue, Kermeseichen und Wacholdersträuchern blitzen immer wieder die weißen Felsen des von Schluchten und Höhlen durchzogenen Kalkplateaus hervor. Wie auf einer steinernen Halbinsel liegt Minerve über zwei Fluss-Schluchten, und nur eine schmale Landenge, die seit Urzeiten durch ein Verteidigungssystem geschützt wird, verbindet das Dorf mit dem Plateau. Im Mittelalter wurden die Befestigungsanlagen, die die natürliche Sicherung des Dorfes ergänzten, von der Burg aus kontrolliert. Dennoch konnte Simon de Montfort den Ort im Jahr 1210 nach langer Belagerung einnehmen, indem er ihn von der

Wasserversorgung abschnitt. Am Ende wurden 140 Katharer als „Ketzer" auf dem Scheiterhaufen verbrannt.

Das Symbol von Minerve

Heute hat Minerve seine Isolation aufgegeben. Seit dem 19. Jahrhundert führt eine 40 Meter hohe Brücke über die Cesse zum Westufer, und Touristen und Weinliebhaber strömen in das nach wie vor mittelalterlich anmutende Dorf. Die Weinberge an den umliegenden Hügeln verleihen dem Weinbaugebiet des Minervois mit den Terrassenlagen und Hängen seinen Namen.

Die große und vielfältige AOC Minervois

Der Minervois, ein natürliches Amphitheater, das sich von der Montagne Noir nach Süden öffnet, erstreckt sich über die Départements Hérault und Aude. Damit verfügt die Appellation über sehr unterschiedliche Terroirs, auf denen alte und neuere Rebsorten des Languedoc gedeihen:

Grenache, Carignan, Syrah, Mourvèdre. Die Rotweine sind, bei aller Unterschiedlichkeit der Terroirs, dicht, warm und kraftvoll. Der Muscat von dem Kalkplateau, das die Cesse um Saint-Jean-de-Minervois überragt, ergibt einen besonders feinen Süßwein.

Die Burg aus dem 13. Jahrhundert ist weitgehend niedergerissen – von ihr ist kaum mehr übrig als ein großer achteckiger Pfeiler, der aus ihren Ruinen emporragt. Von der doppelten Stadtmauer ist noch einiges erhalten geblieben: ein Rundweg und einige Türme – etwa die Tour de la Prison (Gefängnisturm) – und Tore – z.B. die Porte des Templiers aus dem 13. Jahrhundert –, die noch heute die alten, ockergelben Häuser mit ihren Dächern aus runden Ziegeln behüten. Etwas erhöht steht die romanische Kirche Saint-Étienne. Ihre schlichte und rustikale Architektur ist seit der Verbrennung der Katharer unverändert geblieben.

Über einen geheimen Weg erreicht man den Brunnen Saint-Rustique unterhalb der Stadtbefestigung über dem Brian – genau jenen Brunnen, den die Kreuzritter zerstörten, um Minerve zu besiegen. Das bemerkenswerteste „Denkmal" des Dorfes ist vielleicht die Cesse mit den zwei natürlichen Brücken – der „großen" und der „kleinen Brücke" –, die der Fluss in den weichen Kalkfelsen gefressen hat und über die bei Regen und Unwettern das Wasser hereinbricht. Mit seinem Stolz und seiner Ungebeugtheit hat der Weinort Minerve das Minervois bis heute sicherlich deutlich geprägt.

Im Herzen der spektakulären Landschaft des Minervois gelegen, hat sich Minerve seinen rauen, mittelalterlichen Charakter bewahrt.

Roquebrun

LANGUEDOC

Am Ufer des Orb an den Hang geschmiegt, erfreut sich Roquebrun eines bemerkenswerten Mikroklimas, das sich besonders für den Weinbau eignet.

D as kleine Flüsschen Orb windet sich in Schleifen und Bögen von den Ausläufern des Larzac-Plateaus hinunter nach Béziers und zum Mittelmeer ... Am Fuße der Monts de L'Espinouse wendet es sich geradewegs nach Süden und nimmt seinen Weg durch beeindruckende Schluchten, um dann zum malerischen Örtchen Roquebrun zu gelangen, das in einer seiner typischen Schleifen liegt. Angeschmiegt an einen steinigen Hang am

Der Schieferboden

Die AOC Saint-Chinian ist neben Faugères und La Clairette du Languedoc einer der drei Crus der Coteaux du Languedoc. Ihre 2100 Hektar und 20 Dörfer verteilen sich auf zwei Bodentypen: Im Norden dominiert der Schiefer, im Süden herrschen die lehmigen Kalkböden vor. Die charakteristischsten Weine entstehen auf den Schieferböden. Genau wie sein Nachbardorf Berlou darf Roquebrun seit 2004 seinen Namen an die Appellation Saint-Chinian hängen. Ist das ein Schritt in

Richtung kommunaler Appellation? Auf den eher kargen Böden entwickeln Grenache, Carignan, Syrah, Mourvèdre und Cinsault Komplexität und Finesse mit ausgeprägten, jedoch samtigen Gerbstoffen. Sie ergeben Weine mit einem guten Potenzial zur Lagerung. Der Carignan befindet sich zugunsten des stärker aufkommenden Syrah auf dem Rückzug, und der Grenache hat eine Ausdruckskraft, die sich in einigen traditionellen Süßweinen mit den charakteristischen Noten des „Rancio" wiederfindet.

rechten Ufer, erfreut sich das Dorf einer außergewöhnlich gut geschützten Lage, sodass in diesem „mediterranen Garten" Orangenbäume und Mimosen sowie exotische Früchte im Überfluss gedeihen.

Ein kleines Nizza im Hérault

Zunächst um eine Felsspitze gelagert, über der sich noch heute der Turm der ehemaligen karolingischen Burg erhebt, hat sich das Dorf immer weiter in Richtung Fluss und schließlich auf das linke Flussufer ausgedehnt.

Damit wurden die besten Böden erschlossen, und Getreide, Olivenbäume und Wein verhalfen dem Dorf zu Wohlstand. Davon zeugen auch die beiden alten Getreide- und Olivenmühlen am Ufer des Orb. Sein Mikroklima hat Roquebrun den Beinamen „kleines Nizza im Hérault" eingebracht. So gilt das Dorf als eines der bemerkenswertesten Terroirs der Appellation Saint-Chinian, und seine Weinstöcke machen den kleinen Steineichen, den Kermeseichen, den Erdbeerbäumen, den Zistrosen und dem Heidekraut die besten Hänge streitig.

Der braune Schiefer, der dem Weiler Laurenque oberhalb von Roquebrun sein unverwechselbares Aussehen verleiht, dominiert weitgehend die Böden der meist steilen und wenig ertragreichen Hänge. Dort gelangen die Rebsorten des Languedoc in dem warmen und trockenen Klima zu einem ausgeprägten Charakter mit dem Aroma reifer Früchte und der mineralischen Note des Bodens. Sie ergeben einen dichten, jedoch feinen Wein – einen der bemerkenswertesten der Appellation Saint-Chinian oder des sich im Umbruch befindlichen Languedoc überhaupt.

In Roquebrun wachsen die Trauben des Südens am Ufer des Orb und an den steilen, sonnenverwöhnten Schieferhängen.

Banyuls

ROUSSILLON

Der Süßwein von Banyuls altert gelegentlich in Fässern, die in der prallen Sonne gelagert werden. Diese Spezialität entwickelte so ihren vollen Charakter.

Die Côte Vermeille ist, sieht man einmal vom korsischen Vorposten im Mittelmeer ab, das südlichste französische Weinbaugebiet und unweit von der spanischen Grenze und der Costa Brava entfernt. Die Berghänge, Felsenbuchten und Strände der Region, die erst seit dem 17. Jahrhundert zu Frankreich gehört, werden umschlossen von den felsigen Ausläufern des Albères-Massivs. In der Ferne im Westen zeichnet sich der Canigou ab, jener mythische Berg der Pyrenäen. Mit seinen rauen, zerklüfteten Bergen und den ins Meer ragenden Felsklippen ist dieser Küstenstreifen ein überaus erstaunliches Weinbauland, das im Übrigen geprägt ist von Olivenbäumen und mageren Heidelandschaften. Mit Collioure und Port-Vendres im Norden und Cerbères im Süden hat Banyuls den bemerkenswerten natürlichen Süßweinen (VDN), die hier produziert werden, ihren Namen gegeben, während die Rot- und Roséweine den von Collioure tragen.

Terrassen und Hahnentrittmuster

Banyuls liegt an der Mündung der Baillaury und ihres blühenden Tales. Oberhalb des Flusses am rechten Ufer schmiegt sich Puig del Mas, im Mittelalter mindestens ebenso bedeutend wie Banyuls, an den Hang. Bereits damals widmete

Ein besonderer Grenache

Die natürlichen Süßweine der AOC Banyuls sind ein in der Mittelmeerregion einzigartiges Produkt aus der Grenache-Traube: Die Beeren werden sehr reif gelesen und durch ein im 13. Jahrhundert entwickeltes Verfahren „stumm gemacht" (mutage), indem dem gärenden Most Alkohol zugesetzt wird. Dadurch lässt sich das Verhältnis von Alkohol und Restzucker perfekt regulieren, und es entstehen reichhaltige, mächtige Weine mit samtenen Tanninen, die für eine sehr lange Alterung entweder im Fass, wo sie eine Rancio-Note annehmen können, oder nach einer frühzeitigen Flaschenabfüllung geeignet sind.

man sich dort dem Weinbau, während in Banyuls
die Fischerei Vorrang hatte. Heute ist dieser
Berufszweig fast verschwunden, nur auf dem
Trockenen liegende Boote erinnern noch daran.
Die ersten Weinberge im Rücken, liegt Banyuls an
seiner Felsenbucht, geteilt in das Quartier de la
Rectorie mit seiner von Zypressen umstandenen
alten romanischen Kirche, die wesentlich
reizvoller ist als die Kirche von Banyuls aus dem
19. Jahrhundert, und das malerische Quartier de
la Pointe d'Houme. Die Île Grosse, die über einen
Pier mit dem Hafen verbunden ist, gewährt einen
fantastischen Ausblick auf die Küste, und die 200
Meter über dem Meer gelegene Kapelle Notre-
Dame-de-la-Salette aus dem 19. Jahrhundert lohnt
schon allein der Aussicht wegen einen Besuch.
Überall in den Weinbergen sieht man kleine
Trockenmauerhütten, die den Winzern und
ihren Gerätschaften Schutz bieten. Die schmalen
Weinterrassen sind mit Mauern befestigt, und im
Hahnentrittmuster überziehen schräge
Entwässerungsfurchen die Hänge. Die Arbeit im
Weinberg ist hart: Die Trauben werden von Hand
gelesen, und bei Unwettern von den Hängen
gespülte Erde muss wieder hinaufgetragen
werden. Diese schwierigen Bedingungen, die
Sonne, der Nordwind und die Seeluft prägen die
Weine, deren „sarazenische Wärme und
Eigenwilligkeit" der Gastronom Curnonsky
bereits rühmte.

Auf den steilen und
zerklüfteten Hängen der
Küste um Banyuls
(folgende Doppelseite) ist
die Arbeit des Winzers zwar
sehr hart, doch das Ende
der Ernte wird nach
katalanischer Tradition
gefeiert (oben).

Collioure

Das dunkle Blau der steilen Schieferhänge, die Grauschattierungen der Kalksteine, das tiefe Blau von Meer und Himmel, die im Sonnenlicht glänzenden katalanischen Boote, das zerklüftete Albères-Massiv, das als östlichster Ausläufer der Pyrenäen abrupt ins Mittelmeer stürzt und das Küstengebiet in eine Folge von felsigen und seichten Buchten, Felsvorsprüngen, Klippen und tiefen Tälern zerteilt: Die wilde Schönheit der Côte Vermeille – die durch den regen Badetourismus kaum gemindert wird – konnte mit ihren reinen Farben Maler wie die Fauvisten locken. Und die mitunter schwindelerregend steilen Hänge der Hügelketten in diesem überaus warmen und trockenen, durch Wind und Seeluft geprägten Klima mussten einfach zu einem Zentrum des mediterranen Weinbaus werden, dem alle Seewege offen stehen.

Ein katalanisches Juwel

Der kleine Hafen von Collioure liegt wie Port-Vendres oder Banyuls, die zur gleichen Appellation gehören, in einer gut geschützten kleinen Felsenbucht. Die Route des Crêtes, die sich durch die Ausläufer des Albères-Massivs schlängelt, gewährt einen Panoramblick über die gesamte Landschaft. Sie führt an der Ermitage de Notre-Dame de la Consolation vorbei und passiert die Tour de Madeloc, einen alten schiefernen Leuchtturm, der seit dem 13. Jahrhundert über das weite Meer blickt.

An der Küste prägen Strände und Klippen Collioure und seine eindrucksvolle Landschaft. Die Wehrkirche Notre-Dame des Anges aus dem 17. Jahrhundert ragt ein wenig ins Meer hinein. Der ehemalige Phare du Vieux Port (Leuchtturm) mit seiner rosafarbenen Kuppel dient heute als Glockenturm. Der Kirche vorgelagert ist eine Kapelle auf der kleinen Saint-Vincent-Insel, die durch den Hafendamm mit dem Festland verbunden ist und einen wunderschönen Blick auf die Küste bietet. Dahinter liegt das alte Quartier du Mouré mit seinen steilen Gassen zwischen Meer und Douy-Graben gegenüber der Königsburg. Das imposante blassrosa Gebäude mit seinem mittelalterlichen Bergfried teilt den Hafen in zwei Buchten. Im 13. und 14. Jahrhundert war

Das malerisch an der Côte Vermeille gelegene Collioure (unten) ist mit seinen hübschen bunten Gässchen (links) heute bei den Touristen ebenso beliebt wie früher bei den Fauvisten.

Über der Bucht von Collioure mit dem alten Leuchtturm, der heute Glockenturm der Kirche Notre-Dame des Anges ist (rechte Seite), liegen die terrassenförmig angelegten Weinberge.

die Burg Sommerresidenz der mallorquinischen Könige. Seit dem 17. Jahrhundert ist sie in französischem Besitz und wurde unter Vaubans Ägide zu einem Meisterstück der Verteidigungsanlagen des Roussillon. In der im

13. Jahrhundert errichteten ehemaligen Dominikanerkirche oberhalb des Port-d'Avall sitzt heute die Winzergenossenschaft. Darüber liegen die Terrassen des Gaston-Pams-Garten und der Weg, der zum lohnenswerten Aussichtspunkt des Fort Saint-Elme führt.

Harte Arbeit

Die Weinberge von Collioure erstrecken sich über die Hänge oberhalb des Ortes an der Küste. Da über dem Schieferuntergrund nur eine dünne Erdschicht liegt, sind die Terrassen mit schützenden Mauern umgeben. Für die Winzer ist es seit Jahrhunderten eine wahre Sisyphusaufgabe, dem kargen, heißen Boden die erstaunlichsten Weine des Roussillon abzugewinnen – dunkel, temperamentvoll und körperreich. Früher bezeichnete man diese Rotweine mit dem Zusatz „nature", um sie von den typischen Süßweinen der Region zu unterscheiden.

Der Wein des Südens

An der Grenze zum spanischen Katalonien überschneidet sich die Appellation Collioure mit dem Gebiet der Appellation Banyuls. Bei ihrer Gründung 1971 erhielt sie den Namen der Gemeinde, die bereits für ihre Rot- und Roséweine bekannt war. Die seit 1936 bestehende AOC Banyuls bleibt den natürlichen Süßweinen vorbehalten. Doch auch in Collioure spielt der Grenache die Hauptrolle, ergänzt durch Mourvèdre oder Syrah, frischere und weniger stark oxidierende Rebsorten. Er passt sich hevorragend den mageren Böden und dem trockenen Klima an und bringt reiche, gehaltvolle Weine hervor, gut vinifiziert und elegant gebaut. Reife rote Früchte und Gewürznoten prägen die Aromen des Collioure, und seine samtene Textur macht ihn zu einem echten Verführer.

Bergerac

In Mäandern und Schleifen windet sich die Dordogne durch das Bergeracois in Richtung Libourne im Weinbaugebiet von Bordeaux. An ihren beiden Ufern hat man sich ganz dem Wein verschrieben. Kein Hang, der sich dem entzieht, kein Dorf, dessen Rebzeilen nicht bis an die ersten Häuser reichen ... So nennt man diesen südlichen Teil des Périgord angesichts der hübschen Farbe seiner roten Weine in der Region um Bergerac auch „purpurnes" Périgord. Ebenfalls passend wäre das Attribut „golden", wenn man an die Farbe der lieblichen, likörartigen Weine denkt, die zwischen Montbazillac und Saint-Michel-de-Montaigne entstehen.

Die Weinhauptstadt des Périgord

Das Périgord kann als zweites großes Weinbaugebiet Aquitaniens mit dem benachbarten Bordelais konkurrieren. Mit der Dordogne verfügt es über einen bedeutenden Wasserweg, der mit der Gironde einen direkten Zugang zum Atlantik bietet. Als reicher Landstrich beanspruchte das Périgord natürlich die Kontrolle über die Fluss-Schifffahrt und die Passage vom Nord zum Süd-Ufer. So beherrschte die Hafen- und Brückenstadt Bergerac bereits sehr früh den Verkehr von Menschen und Gütern. Weinbau und Fluss-Schifffahrt gingen hier stets Hand in Hand, und im 17. Jahrhundert kam noch der Tabak als wichtiges Erzeugnis der Dordogne hinzu. Man kann deutlich erkennen, dass die auf einer Terrasse über der Dordogne gelegene Altstadt einst befestigt war, doch die Stadtmauer wurde nach der Einnahme der protestantischen Hochburg durch Ludwig XIII. im Jahr 1620 restlos zerstört. Dennoch offenbart sich der jahrhundertealte Wohlstand von Bergerac in jedem Winkel der Stadt, die in warmen Ockertönen erstrahlt. Alte Fachwerkhäuser, Sprossenfenster und Arkaden verleihen der Rue Saint-James, der

Rue des Fontaines, der Place de la Myrpe und der Place Pélissière einen ganz besonderen Charme. Bergerac ist Station auf dem Jakobsweg nach Santiago de Compostela. Seine Kirche Saint-Jacques stammt aus dem 12. Jahrhundert, wurde jedoch im 19. Jahrhundert restauriert, als in der Oberstadt die neogotische Kirche Notre-Dame mit ihrem spitzen Kirchturm entstand.

Großen Gefallen wird insbesondere der Weinliebhaber am ehemaligen Rekollekten-Kloster mit seinen sehenswerten Gewölbekellern oberhalb des stillgelegten Hafens finden, von dem noch ein Kreuzgang aus verschiedenen Epochen mit einem Innenhof mit Galerie erhalten ist. Heute befindet sich dort die Maison des vins de Bergerac, deren große Fenster einen schönen Blick auf Montbazillac und sein wunderschönes Schloss gewähren. Ganz in der Nähe lockt auch die Maison Peyradère, ein Stadthaus aus dem 17. Jahrhundert, mit ihrem interessanten Tabakmuseum, während an der Place de la Myrpe in einem hübschen alten Fachwerkhaus das Museum für Wein, Schifffahrt und Küfnerei zu Hause ist.

Weinberge überall

Die Weinberge von Bergerac beginnen direkt an den Vororten. An dem im Osten gelegenen kieshaltigen Hang, der sich bis zum kleinen

Die Hafenstadt Bergerac an der Dordogne hat eine hübsche Uferpromenade (unten), und ihre eleganten Anwesen zeugen vom jahrhundertealten Wohlstand der Stadt (links).

Das Rekollekten-Kloster mit seinem Kreuzgang und dem hübschen galeriegesäumten Innenhof (rechte Seite) sowie die schönen Häuser an den Kais (oben) ergeben ein harmonisches Gesamtbild.

Hafen von Creysse zieht, gibt die Lage Pécharmant dem bekanntesten Cru von Bergerac seinen Namen, einem dichten, körperreichen Rotwein mit guter Lagerfähigkeit. Im Norden befindet sich im Herzen des natürlichen Amphitheaters, das Stadt und Tal umgibt, die kleine Appellation Rosette. Inmitten der roten Bergerac-Reben bewahren dort einige Parzellen die Tradition des milden, leichten und blumigen Weißweins. Am rechten Ufer der Dordogne erstrecken sich die Weinberge der Appellationen Bergerac und Côtes de Bergerac bis nach Saint-Michel-de-Montagne. Dort gibt es viele Aussichtspunkte, die einen hübschen Ausblick auf das jenseitige Ufer mit den Weinbergen von Monbazillac oder Saussignac gewähren.

Das zweite große Weinbaugebiet Aquitaniens

Die Weine von Bergerac, die in 93 Dörfern an beiden Ufern der Dordogne – 13 AOCs mit 12 000 Hektar Rebfläche – entstehen, beeindrucken durch ihre große Vielfalt. Die Rebsorten sind dieselben wie im Bordelais: Merlot, Cabernet Sauvignon, Malbec und Cabernet Franc für die Rotweine, Rosés, Sémillon, Sauvignon und Muscadelle für die Weißweine. Doch aufgrund der Unterschiede in Zusammenstellung, Terroir und Lage ergeben sich ganz verschiedene Weine: trockene, milde oder likörartige Weiße nicht nur in Bergerac und an den Côtes de Bergerac, sondern auch in Montravel, Haut Montravel, an den Côtes de Montravel, in Rosette, Saussignac und Monbazillac, Rote ebenfalls in Bergerac und an den Côtes de Bergerac, aber auch in Pécharmant und in Montravel. Die allesamt wohlschmeckenden und gehaltvollen Weine verhelfen ihren Terroirs zu neuen Ehren und treten so aus dem Schatten des bekannteren Bordelais.

Cahors

Der Lot durchfließt das Quercy von Ost nach West, sucht sich seinen Weg durch die wilde und trockene Landschaft der Causses, mäandriert in Schleifen und Biegungen, in die sich Weinberge und Dörfer schmiegen. Besonders schön liegt dort auf einer langezogenen Halbinsel von hohen Kalkklippen geschützt auch Cahors – bedeutendes Zentrum während des Mittelalters, einst wichtiger Finanzplatz der lombardischen Bankiers und Heimat von Jacques Duèze, der als Johannes XXII. einflussreicher Papst in Avignon war, außerdem bedeutendstes Weinbaugebiet des Haut Pays, dessen „starke und wohlschmeckende Liköre" der Renaissance-Lyriker Clément Marot aus Cahors so liebte.

Allein die Namen der Weindörfer von Lamagdelaine bis zum Château de Bonaguil lassen einem das Wasser im Munde zusammenlaufen: Mercuès, Pradines, Trespoux-Rassiels, Douelle, Parnac, Saint-Vincent-Rive d'Olt, Luzech, Albas, Belaye, Prayssac, Pescadoires, Puy-L'Évêque, Vire-sur-Lot, Soturac usw.

In der Altstand von Cahors finden sich noch zahlreiche Spuren des Mittelalters: die Tour Jean XXII. (oben rechts) oder die berühmte Valentré-Brücke, die an das Westufer führt (rechte Seite).

Im Herzen des Lot-Tales

Cahors liegt im oberen Teil des nach ihm benannten Weinbaugebietes am Lot. Seit dem Mittelalter hat sich der Ort auf das östliche Flussufer konzentriert. An das Westufer gelangt man über die berühmte Valentré-Brücke, ein Meisterwerk der Festungsarchitektur des 14. Jahrhunderts, bewehrt mit drei viereckigen Türmen, die bis heute das Wahrzeichen von Cahors sind. In der Altstadt zeugen zahlreiche Gebäude vom Wohlstand der Jahrhunderte: die imposante, merkwürdigerweise mit zwei Kuppeln versehene Kathedrale Saint-Étienne aus dem 12. Jahrhundert, die Tour Jean XXII. – letzter Überrest des Palais Duèze –, die Barbacane, ein Wachgebäude, und die Tour des Pendus, das „Henri IV." genannte Renaissancehaus oder die alten Häuser mit gemauertem Fachwerk in den alten Vierteln Badernes oder Daurade ...

Im ganzen Weinbauland verteilt gibt es befestigte Dörfer und Burgen, Symbole einer bewegten Vergangenheit und unverwüstliche Hüter der Weinberge, die sich in Terrassen über das Tal oder die Höhen der Causses erstrecken. Dort entstehen seit Jahrhunderten sehr beliebte dichte und tiefrote Weine. Lange jedoch wurde der Handel mit diesen Weinen von Kaufleuten aus Bordeaux blockiert, die die Mündung des Lot in die Garonne kontrollierten ... und den Weinen ihren ausgeprägten Charakter neideten. Charaktervoll sind sie heute noch, doch die Rivalität mit Bordeaux gehört seit dem Wiedererstehen der Cahors-Weine der Vergangenheit an.

Die Rückkehr des Cahors

Der berühmte Cahors, besonders die so genannten „schwarzen" Weine, wäre beinahe durch die Reblaus dahingerafft worden. Heute wächst er vornehmlich auf den Terrassen des ehemaligen Schwemmlandes im Tal oder im „weißen Quercy" auf dem Kalkplateau im Süden des Lot. Seit den 1950er- bis 1960er-Jahren hat man dort wieder zur Qualitätstraube der Region zurückgefunden, dem Auxerrois, auch Côt oder Malbec genannt, aus dem dichte und feste Weine mit intensiven Aromen gebaut werden. Merlot oder Tannat können den Stil dieser – gelegentlich untypischen – milden oder lange lagerfähigen Weine nuancieren, die hervorragend mit dem Geschmack von Trüffeln harmonieren.

Gaillac

SÜDWESTEN

Im Herzen des Weinbaugebietes an den beiden Ufern des Tarn gelegen (oben), hat Gaillac am rechten Ufer eine Schlüsselposition. Stolz erhebt sich seine ehemalige Abteikirche über den Fluss (rechte Seite).

D ie Landschaft an den Ufern des Tarn ist von beinahe mediterraner Harmonie, und man kann sich kaum vorstellen, dass dort einmal etwas anderes als Wein gewachsen sein sollte. Tatsächlich hat man in Montans unweit von Gaillac eine Töpferwerkstatt entdeckt, in der zu Beginn unserer Zeitrechnung gallorömische Amphoren hergestellt wurden. Flussabwärts in Richtung Albi erstrahlen Dörfer und Städte in den unendlich vielen rötlichen Ockertönen ihrer Kirchen, Häuser, Bauernhöfe und Taubenschläge, und die Landschaft ist geprägt von der strengen Geometrie der Weinberge und Getreidefelder.

Die Vielfalt von Gaillac

Auf den unterschiedlichen Terroirs der Appellation Gaillac – die mit 1600 Hektar wesentlich kleiner ist als in vergangenen Jahrhunderten – wachsen noch viele ursprüngliche Rebsorten. Bei den Weißen sind das Mauzac – aus dem im Allgemeinen die besten Schaumweine nach „ländlicher" oder „Gaillac"-Methode und die besten lieblichen Weine gebaut werden –, Lende-l'el und der sehr seltene Ondenc, die zwischen den Rebsorten des Bordelais – Sauvignon, Sémillon und Muscadelle – wachsen. Den Rotweinen verleihen die traditionellen Sorten Duras und Braucol (oder Fer) in Kombination mit Syrah, Gamay und den Trauben des Bordelais ihren ausgeprägten Charakter, und mit genau diesen lokalen Rebsorten haben die Gaillac-Weine die Herzen der Weinliebhaber nach bewegten Zeiten wiedergewonnen.

Ein Brückenkopf im Haut Pays

Das Hafenstädtchen Gaillac liegt am rechten Ufer einer Tarn-Windung und nimmt eine Schlüsselposition im Herzen des historischen Weinbaugebietes ein, das mit der Anbindung an Garonne und Atlantik über ausgezeichnete natürliche Handelswege verfügt. Lange jedoch wurde der Weinhandel von Bordeaux aus behindert, da die Stadt die Weine aus dem Haut Pays mit hohen Abgaben belegte. Dennoch waren die Bedingungen so günstig, dass in Gaillac eine bedeutende Benediktinerabtei entstand. Erhalten sind davon noch die Kirche Saint-Michel, die zwar romanischen Ursprungs, jedoch vornehmlich gotisch geprägt ist, sowie die Klostergebäude, die heute die Maison de la vigne et du vin beherbergen. Etwas oberhalb in dem alten Viertel liegen die ebenfalls überwiegend gotische Kirche Saint-Pierre, die in der gleichen Zeit wie die Abteikirche entstanden ist, und direkt daneben das Hôtel de Brens aus dem 13. und 15. Jahrhundert. Über dem Tarn-Ufer wacht mit seinen Terrassen und dem von Le Nôtre gestalteten Park das elegante Château de Foucaud.

Ein Terroir mit tausend Gesichtern

Das Weinbaugebiet von Gaillac zu beiden Seiten des Tarn ist in Landschaft, Bodenbeschaffenheit, Rebsorten und Weinen sehr vielfältig. Die Kieselböden der Terrassen am linken Ufer eignen sich besonders für rote Rebsorten, vor allem in der Gegend von Cadalen und Técou. Bedeutender ist das rechte Ufer des Tarn mit Gaillac, Lisle-sur-Tarn, einer mittelalterlichen Festungsstadt mit alten Backstein- und Fachwerkhäusern, von kleinen Brücken überspannten Gassen und Bogengängen, und Rastens, einem Dörfchen mit einer mächtigen Befestigungsanlage, in dessen Zentrum die Kirche Notre-Dame-du-Bourg, ein beeindruckendes Bauwerk im Stil der südfranzösischen Gotik, und der bewehrte Glockenturm liegen.

Ob es nun ein kleiner Turm über dem Tarn (rechts) oder ein Taubenschlag im Weinberg (ganz rechts) ist, die Landschaft von Gaillac bezaubert durch vielerlei architektonische Kleinode.

Jenseits des rechten Flussufers erklimmen die Weinberge die Höhen der für ihre trockenen oder milden Weißweine bekannten Premières Côtes und die Uferhänge der Vère, die sich am Rand des Forêt de la Grésigne bis zur mittelalterlichen Festung Puycelsi erstrecken. Der Forêt de la Grésigne ist ein großer Eichenwald. Früher war er von einer Mauer umgeben, die auf Geheiß von Colbert im 17. Jahrhundert errichtet worden war. Zutritt hatte allein die königliche Marine. Die rustikale Schönheit der Premières Côtes und der Charme ihrer Dörfer tragen maßgeblich zur Attraktivität der Landschaft um Gaillac bei: Cahuzac-sur-Vère, Broze, Cestayrols und, weiter nördlich an der Vère, die romanische Wehrkirche von Romanou sind nur einige Glanzpunkte. Als „Mont-Saint-Michel des Südens" gilt das weiter im Norden gelegene Dorf Cordes, das auf dem Puech de Mordagne über dem Cérou wacht. Das mittelalterliche Kleinod wurde im 13. Jahrhundert an der Grenze von Albigeois, Quercy und Rouergue errichtet und ist seitdem unverändert geblieben. Innerhalb seiner stufenförmig angelegten Befestigung drängen sich alte Häuser in den engen Gassen, unter ihnen prachtvolle gotische Bauwerke. Das Dorf ist unbestritten die beeindruckendste Festung im Albigeois.

Irouléguy

Die Landschaft von Irouléguy bezaubert mit ihren herrschaftlichen Häusern am Fuße der Berge (oben) und den malerischen baskischen Häusern in den Hügeln (rechte Seite): Dennoch wird ihr Charme noch immer häufig verkannt.

Mitten im Baskenland versteckt sich hinter dem Col d'Ibaneta das Dorf Roncesvalles – oder Roncevaux. Seine einzigartige, pittoreske Landschaft ist geprägt von Gebirgsbächen: der Nive des Aldudes, die durch Saint-Étienne-de-Baïgorry fließt, der Nive de Béhérobie, der Nive d'Arnéguy und der Nive de Laurhibar. Unterhalb von Saint-Jean-Pied-de-Port vereinigen sie sich zur Grande Nive, um bei Bayonne in den Adour und schließlich in den Atlantik zu fließen. Das Vallée de Baïgorry, das Pays de Cize und das Pays d'Ossès gehörten lange zum jenseits der Berge gelegenen Königreich Navarra mit seiner Hauptstadt Pamplona, bevor sie zu Beginn des 17. Jahrhunderts unter Heinrich IV. französisch wurden. Seitdem lag eine

Grenze zwischen den Weinbergen von Irouléguy und Anhaux und ihren Gründern, den Mönchen von Roncevaux, die seit dem 11. Jahrhundert die Pilger auf ihrem Weg nach Santiago de Compostela verpflegten.

Vor allem baskisch

Neben Irouléguy, Anhaux und Baïgorry gehören heute die Dörfer Ascarat, Ispourre, Jaxu, Saint-Martin-d'Arrossa, Ossès und Bidarray zum Weinbaugebiet. Den größten Teil der Rebfläche machen jedoch noch immer die steilen Hänge des Berges Jara rund um Irouléguy und seine Kapelle aus. Das bescheidene Gebäude erinnert an die von den Mönchen in Roncevaux errichtete Prioratskirche und erstrahlt ebenso weiß wie die Kapelle von Sorhoeta außerhalb des Dorfes und die Fassaden der hübschen baskischen Häuschen. Im Westen am Eingang des Aldudes-Tales liegt im Schutze des Château d'Atchauz das Örtchen Baïgorry mit seinen vielen „Vierteln" – Urdos oder Occos – und den schönen, mit verzierten Tür- oder Fensterstürzen geschmückten mittelalterlichen Herrschaftshäusern. Wenige Kilometer östlich spielte das markante Städtchen Saint-Jean-Pied-de-Port mit seiner Stadtmauer und der Zitadelle einst eine wichtige Rolle für die Geschichte von Navarra. Weiter flussabwärts gelangt man nach Ossès, wo es wunderschöne alte Bauernhäuser gibt. Nach einem jahrzehntelangen, durch Rebkrankheiten und Landflucht bedingten Niedergang des Weinbaus wachsen heute wieder Rebstöcke auf den nach Süden ausgerichteten Terrassen und Hängen von Irouléguy. Neben den ordentlichen Parzellen weiden die *manechs*, eine lokale Schafrasse mit rotbraunen oder schwarzen Köpfen. Aus ihrer Milch wird der „Ardi gasna", eine Käsespezialität, hergestellt, der es durchaus mit den berühmten Würsten der Aldudes aufnehmen kann, die aus dem Fleisch der schwarzköpfigen baskischen Schweine gemacht werden. Zu diesen beiden Köstlichkeiten der Region passt der Wein von Irouléguy natürlich ganz ausgezeichnet.

Die Wiedergeburt eines Weinbaugebietes

Als letzter Überrest des ehemals großen baskischen Weinbaulandes – mit dem Chacoli („Txakoli") von der spanischen Seite – war die Appellation Irouléguy, seit 1970 AOC, einst ein echtes Museum für alte Rebsorten. Heute wachsen auf ihren etwa 200 Hektar Cabernet Franc, Cabernet Sauvignon und Tannat für die Rot- und Roséweine und Courbu, Petit Manseng und Gros Mansengs für die eher seltenen Weißweine. Eine junge Generation von Winzern verhilft der Appellation zu neuer Anerkennung. Ihre Weine sind vollmundig und konzentriert, mit intensivem Fruchtaroma, fest und verführerisch.

Madiran

Überall in den Weinbergen auf den Hügeln des Vic Bilh (oben) gibt es hübsche gascognische Bäuernhäuser. Das Weinbaugebiet von Madiran gehört zu den reizvollsten im Südwesten.

Prioratskirche von Madiran aus dem 11. Jahrhundert. Doch das von Mönchen seit dem Beginn des Mittelalters bestellte Weinland wäre zu Beginn des 20. Jahrhunderts beinahe untergegangen. Sein Fortbestehen ist der Hartnäckigkeit einer Handvoll Winzer zu verdanken. In den Nachkriegsjahren haben sie zunächst seinem erdigen Rotwein – dem Madiran – zu einer Wiedergeburt verholfen, später dann dem lieblichen weißen Pacherenc du Vic Bilh.

Zwischen Madiran und Pacherenc du Vic Bilh

Als wichtige Etappe auf dem Weg nach Santiago de Compostela war Madiran bereits lange Zentrum des Weinbaugebietes, bevor das Dorf dem Rotwein seinen Namen gab. Aus dieser Blütezeit hat sich das Dorf seinen mittelalterlichen Charakter bewahrt. Die Überreste seines Benediktinerklosters grenzen direkt an die Klosterkirche, die in der nüchternen Architektur des 12. Jahrhunderts auf eine wunderbare Krypta mit Tonnengewölbe gebaut wurde.

Doch aufgrund der Vielfältigkeit seiner Terroirs – Osthänge, die sich besonders für rote Rebsorten eignen, Westhänge, die weiße Trauben bevorzugen – hat das Weinbaugebiet Vic Bilh viele kleine Zentren rund um Madiran. Kleine Flüsschen, die parallel zum Adour verlaufen, bevor sie sich oberhalb von Aire-sur-Adour mit ihm vereinigen, prägen die Landschaft: Der Bergeron führt an Madiran vorbei, der Saget fließt nahe Maumusson-Laguian und umgibt mit dem Larcis das Gebiet von Viella, Aydie, Arrosès und Crouseilles, während der Lées weiter westlich an das Land von Portet und Diusse grenzt. So hat in einem Umkreis von kaum zehn Kilometern beinahe jedes Dorf sein eigenes Tal. In Diusse gibt es eine hübsche romanische Sandsteinkirche, in Crouseilles eine mächtige mittelalterliche Burg, außerdem ganz in der Nähe die historisch und größenmäßig bedeutendste Winzergenossenschaft der Gegend, und Soublecause bietet einen Panoramablick auf das Adour-Tal.

D as Vic Bilh – „altes Land" in der Sprache der Gascogne – liegt in einer großen Biegung des Adour dort, wo Pyrénées-Atlantiques, Hautes-Pyrénees und Gers sich kreuzen. Die Ufer der Nebenflüsse des Adour weisen nach Osten und Westen, und in den Schluchten, die die Flüsse gegraben haben, finden sich wiederum sonnenbeschienene Südhanglagen. Weinstöcke und Boden sind hier seit Jahrhunderten untrennbar miteinander verbunden. Nichts beweist dies besser, als der in Stein gehauene Winzer in einem Kapitell der

Ein Gebiet, zwei Appellationen

Die AOC Madiran – für Rotwein – und die AOC Pacherenc du Vic Bilh – für Weißwein – liegen auf ein und demselben Gebiet. Der Madiran, die mit ihren 1200 Hektar weitaus bedeutendere Appellation, erhält seinen einzigartigen Charakter durch den Tannat, eine lokale Rebsorte mit ausgeprägten Tanninen, die entweder mit Cabernet Sauvignon oder Cabernet Franc kombiniert wird. Der Pacherenc du Vic Bilh, dessen Parzellen – etwa 200 Hektar – sich mit denen des Madiran vermischen, kann trocken oder lieblich, ja sogar likörartig sein. Dies ist abhängig vom Jahrgang und dem jeweiligen Anteil an Arrufiac, Petit Manseng – der besonders reichhaltige und dickflüssige Weine ergibt –, Gros Manseng und Courbu.

Blaye

BORDELAIS

Über die Gräben der mächtigen Zitadelle von Blaye führen nur wenige Übergänge. Die Festungsstadt ist die beeindruckendste Verteidigungsanlage an der Trichtermündung der Gironde.

Wenn es stimmt, dass die großen Flüsse aus historischer Sicht die großen Weinbaugebiete hervorgebracht haben, dann erfreute Blaye sich bester Voraussetzungen. Das Dorf liegt am rechten Ufer der Gironde kurz hinter dem Zusammenfluss von Dordogne und Garonne dort, wo sich die Trichtermündung in den Atlantik öffnet. In seiner vorgelagerten Position zu Bordeaux und der Landzunge von Ambès war es prädestiniert für die Rolle des „Wachpostens von Aquitanien". Angesichts der günstigen

wirtschaftlichen und militärischen Gegebenheiten und der Nachbarschaft zu Libournais und Médoc war die Hinwendung zum Weinbau nur natürlich. So mischt sich in der Landschaft von Blaye der ländliche Charme des hügeligen Weinbaulandes und seiner bescheidenen kleinen Dörfchen mit der Flussromantik am Ufer der Gironde, wo die Pfahlhütten der Fischer und an langen Stangen aufgespannte Netze vor dem Hintergrund der zahlreichen Flussinseln einen ganz besonderen Zauber verbreiten.

Eine Stadt in der Stadt

Auf einem Kalkhügel über der Gironde wacht Blaye über den Eingang des Saugeron-Tales, eines

Blaye und Premières Côtes de Blaye

Lange waren die Weißweine des Blayais minderwertig und die roten Bordeaux charakterlos, doch dann machte man sich daran, den guten Ruf der Weinbauregion wieder herzustellen. Die Rotweine der AOCs Premières Côtes de Blaye und Blaye basieren auf der Merlottraube, die durch Cabernet Sauvignon und gelegentlich Cabernet Franc und Malbec ergänzt wird. Die AOC Côtes de Blaye bringt vom Sauvignon dominierte Weißweine hervor, die daneben etwas Sémillon und Muscadelle enthalten. So entstehen klassische Bordeaux-Weine, die allerdings durch ihre Terroirs und den Ehrgeiz der Winzer eine ganz individuelle Note erhalten.

jener Täler, die sich in die felsige Küste des rechten Mündungsufers schneiden. Zu römischen Zeiten thronte dort eine Festung, später dann eine mittelalterliche Burg, deren Überreste an den „Prinzen" von Blaye, Jaufré Rudel, erinnern, einen Troubadour aus dem 12. Jahrhundert. Unter Ludwig XIV. entstand dort im 17. Jahrhundert eine mächtige Zitadelle. Erbaut wurde diese „Stadt in der Stadt", die mit dem Fort auf der Île Paté und dem Fort Médoc am jenseitigen Ufer über die Gironde wachte, von Vauban. Ihre Gebäude – etwa die Maison du Commandant d'Armes, heute landeskundliches Museum, das Minimes-Kloster und das Pulvermagazin – sind umgeben von einer

mächtigen Befestigungsmauer und Wassergräben. In die Stadt führen die Porte Royale und Porte Dauphine, und die Anlage ist mit Bollwerken und Türmen – der Tour des Rondes und der Tour de l'Aiguillette – bewehrt und durch Erdwälle gesichert. Auf einem dieser Wälle befindet sich der kleine Weinberg Echaugette.

Am Fuße der Zitadelle liegt die Unterstadt mit ihren engen Straßen und alten Häusern. Die sanfte Hügellandschaft des Hinterlandes ist vom Weinbau geprägt, und ihre Dörfer erzählen ihren Teil der Geschichte mit den gallorömischen Villen in Plassac, den romanischen Kirchen von Cars, Saint-Martin-Lacaussade oder Cartelègue und dem Château Boisset in Berson.

Als Hafenstadt und Hauptstadt eines traditionellen Weinbaugebietes hat Blaye, der Vorposten von Bordeaux, einiges zu bieten.

Fronsac

Das Dorf Fronsac am Ufer der Dordogne gehört mit seinen wunderbar ausgerichteten Weinlagen zu den schönsten Orten des Bordelais.

Kurz hinter Libourne liegt Fronsac malerisch auf einem Hügel auf der Landzunge am Zusammenfluss von Isle und Dordogne. Deutlich hebt sich das Dorf in seiner exponierten Lage von der Ebene ab, in die sich der Fluss in weiten Mäandern legt. Dies machte Fronsac in der Vergangenheit zu einem strategisch wie wirtschaftlich begehrten Ort: Karl der Große errichtete hier bereits eine Festung, bevor Libourne oder Saint-Émilion an Bedeutung gewannen. Auch Kardinal Richelieu und sein Großneffe, der Herzog

Zwillingsappellationen

Die AOC Canon-Fronsac (308 Hektar) rund um Fronsac und Saint-Michel-de-Fronsac und die AOC Fronsac (840 Hektar), die sich im Norden und Westen nach Saint-Aignan, Saillans, Galgon, La Rivière und Saint-Germain-la-Rivière erstreckt, bilden das Weinbaugebiet von Fronsac. Hier regiert der Merlot, ergänzt durch Cabernet Franc, Cabernet Sauvignon und etwas Malbec. Als westliche Fortsetzung der Weinbaugebiete Saint-Émilion und Pomerol jenseits der Isle haben der Fronsac und der Canon-Fronsac heute ihre eigene Persönlichkeit entwickelt: Sie sind fruchtig, dicht, vollmundig und von fester – manchmal sogar „rustikaler" – Struktur, was sie zu guten Lagerweinen macht und den Charakter ihrer Terroirs betont. Insgesamt vermögen sie durch ihren diskreten Charme zu bestechen.

von Fronsac und Richelieu, erkannten die Vorteile von Fronsac. Letzterem, der hier auf seinem nach italienischem Vorbild erbauten Lustschloss lebte, ist es auch zu verdanken, dass der Wein von Fronsac im 18. Jahrhundert zu Berühmtheit gelangte. Tatsächlich begannen die Großgrundbesitzer aus Libourne zu jener Zeit, in der Gegend von Fronsac Qualitätsweine herzustellen, wie sie bald im ganzen Libournais angebaut werden sollten.

Eine Landschaft mit besonderem Charme
Mit ihren Hügeln, Tälern und Plateaus, Flussniederungen und Uferböschungen, Hainen und Wäldern gehört die sanft gewellte

Landschaft von Fronsac unbestritten zu den schönsten des gesamten Bordelais. Am Fuße des Hügels, den heute ein Anwesen aus dem Second Empire mit einem Park ziert, drängt sich das Dorf um eine schlichte romanische Kirche. Der kleine Hafen ist seit langem stillgelegt. Es geht beschaulich zu in Fronsac: Gearbeitet wird auf den Châteaus und Weingütern der Umgebung. Die schönen Hänge an der Dordogne, die berühmt sind für ihre feinen, mehr oder weniger kalk- oder lehmhaltigen Böden, sowie das darüber liegende Kalkplateau waren und sind sowohl historisch als qualitativ das erste und beste Terroir der Gegend. Es beginnt im Nordwesten von Fronsac und erstreckt sich bis nach Saint-Michel-de-Fronsac nach Westen. In diesem Gebiet liegt auch der Canon, ein Hügel, der sich im Namen zahlreicher Châteaus wiederfindet. Seine außergewöhnliche Beschaffenheit hat ihm in Abgrenzung zur AOC Fronsac eine eigene Appellation beschert, die AOC Canon-Fronsac. Er reicht bis nach La Rivière, dessen eindrucksvolles Schloss, das im 12. und 13. Jahrhundert errichtet und immer wieder umgestaltet wurde, in einem von Bäumen gekrönten Amphitheater zwischen den Weinbergen auf dem Plateau und den Hanglagen liegt.

Die bezaubernde Hügellandschaft um Fronsac ist eines der besten Terroirs im Libournais.

Margaux

BORDELAIS

herangezogen ... In der Tat erklommen das Médoc im Allgemeinen und Margaux im Besonderen in der zweiten Hälfte des 17. Jahrhunderts und im 18. Jahrhundert den Olymp der französischen Weine, und mit der neuerlichen Hinwendung zum Klassizismus im 19. Jahrhundert wurde im Herzen des berühmten Weingutes und seiner kommunalen Appellation das Château Margaux erbaut.

Ein Weinbaugebiet von Adel

Bevor das Médoc zum Weinland wurde, gab es dort lediglich Getreidefelder und Sumpfland, dessen Trockenlegung einen hohen finanziellen Einsatz erforderte. So wurde der Weinbau im Médoc von großen Weingütern betrieben, die reichen Grundbesitzern aus Adel und Bürgertum oder sogar der Kirche gehörten: Seit dem Ende des 16. Jahrhunderts nahmen sowohl die Seigneurie de La Mothe Margaux – das spätere Weingut von Château Margaux –, als auch das ganz in der Nähe gelegene Priorat von Cantenac – das spätere Château Prieuré-Lichine –, die „Pflanzwut" des 18. Jahrhunderts vorweg. Margaux ist beispielhaft für den Weinbau des Médoc. Nähert man sich dem Dorf von Bordeaux aus, öffnet sich die Landschaft. Soweit das Auge reicht, erstrecken sich die wogenden Rebzeilen auf dem sanft gewellten Kiesplateau. Ein echtes Zentrum hat das bescheidene und ländliche Dorf nicht – seine Häusergruppen verteilen sich rund um die bedeutenden Châteaus: um das Château Margaux natürlich, sowie um die Châteaus Malescot-Saint-Exupéry, Durfort-Vivens, Rausan-Ségla und Rauzan-Gassies, Palmer (in Issan), Lascombes, Labégorce ... Und die Kirche, die im 18. Jahrhundert mitten in den Weinbergen errichtet wurde, liegt näher am Château Margaux als am Dorf! Das spricht für sich.

Die Kirche in den Weinbergen macht die Berufung des für seine Weingüter bekannten Dorfes deutlich. Besonders eindrucksvoll ist das berühmte Château Margaux (rechte Seite).

Das Médoc," so der Weinpapst Hugh Johnson, „ist das Versailles des Weines." Und die Appellation Margaux könnte man das „Versailles des Médoc" nennen! Wir befinden uns im Herzen des französischen Klassizismus, in seinem Wesen maßvoll, ausgeglichen und von zurückhaltendender Eleganz und häufig zur Definition des „bon goût" der Franzosen

Château Margaux

Zur AOC Margaux gehören neben Margaux noch Cantenac, Arsac, Labarde und Soussans, doch das Château Margaux ist unbestritten das berühmteste Weingut. Als Premier Cru Classé steht es über den 20 Weingütern der AOC, die als Deuxième, Troisième, Quatrième oder Cinquième Cru klassifiziert sind. Die bedeutendste Rebsorte ist der Cabernet Sauvignon, dazu kommen noch Merlot, etwas Cabernet Franc und Petit Verdot. Sie wachsen auf einem Untergrund von mittelgroßen, jedoch reichlich vorhandenen Kieselsteinen. Zum Château, das zu

Beginn des 19. Jahrhunderts von Émile Combes, einem Schüler des berühmten Victor Louis, erbaut wurde, führt eine platanengesäumte Allee. Das Bauwerk ist von der nüchternen Strenge des durch Palladio inspirierten Klassizismus. Die Fronttreppe führt zu einem von ionischen Säulen getragenen Portikus. Ebenfalls von Combes sind auch das von 18 Säulen gesäumte große Weinlager, eine Orangerie, der Pavillon des Verwalters, ein „Handwerkshof", zum dem auch die gutseigene Böttcherei gehörte, und die von rund 30 Häusern für die Bediensteten gesäumte „Dorfstraße".

Saint-Émilion

Der Platz vor der Felsenkirche im Herzen des Ortes spielt eine zentrale Rolle im Stadtleben von Saint-Émilion.

Saint-Émilion, einer der bekanntesten Weinorte des Bordelais oder, um es genau zu nehmen, des Libournais, jenes weitläufigen Landstriches am rechten Ufer der Garonne, erfreut sich einer ausgesprochen günstigen Lage oberhalb der Dordogne. Von ihrem Kalkhügel gegenüber den aristokratisch anmutenden Gebieten Graves und Médoc wacht die fest in ihren Traditionen verankerte Stadt über ihre allgegenwärtigen Weinberge. Die schönste Aussicht auf die Stadt und die umliegenden Châteaus bietet die Tour du Roy, der letzte Überrest einer Burg aus dem 13. Jahrhundert. Von hier aus verkündet die 1199 gegründete, einst allmächtige und heute eher folkloristische Weinbruderschaft Jurade de Saint-Émilion traditionell den Beginn der Weinlese.

Weltkulturerbe Saint-Émilion

Die Eintragung von Saint-Émilion in die Liste des Weltkulturerbes der UNESCO belegt den historischen und kulturellen Reichtum dieses mittelalterlichen Kleinods. Da wäre beispielsweise die einzigartige Église Monolithe, die im 11. und 12. Jahrhundert aus dem für Saint-Émilion so charakteristischen Kalkstein gehauen wurde. Ihre unterirdischen Gänge lieferten das Baumaterial für die Stadt und wurden später als Keller zur Weinbereitung und -lagerung genutzt. Das Bauwerk ist die bedeutendste französische Felsenkirche, und ihre drei gewaltigen unterirdischen Schiffe, das romanische Tympanon

und ihr hoher Glockenturm sind ausgesprochen beeindruckend. Die etwa aus derselben Zeit stammende Stiftskirche wurde vermutlich mit den Steinen aus den Gängen der Felsenkirche erbaut. Überall in den steilen, gewundenen Gassen der Stadt findet man Zeugnisse ihres Wohlstandes, der durch die Stadtbefestigung mit ihren zahlreichen

Toren gut geschützt war. Außerhalb der Mauern zeugen Ruinen von der bedeutenden Rolle, die die verschiedenen Ordensgemeinschaften einst spielten, etwa die „Grandes Murailles", das letzte, – jedoch berühmte Mauerstück des ehemaligen Jakobinerklosters (hier nannten sich die Dominikaner Jakobiner).

Die Landschaft um Saint-Émilion hat sich ausschließlich dem Wein verschrieben.

Die hellen Kalksandsteinhäuser an den steilen Straßen verleihen Saint-Émilion den Glanz eines wohlhabenden aquitanischen Marktfleckens.

Vielfältige Terroirs, vielfältige Weine

Die vielfältigen Terroirs von Saint-Émilion (insgesamt 5400 Hektar) bringen ebenso vielfältige Weine hervor. Doch eines ist ihnen gemeinsam: die kalkhaltigen Böden, die sowohl die Terroirs als auch die Landschaft prägen. Ebenfalls einheitlich ist der Rebbestand: Bedeutendste Sorte ist der Merlot, gefolgt vom Cabernet Franc. Ergänzt werden sie durch den Cabernet Sauvignon und den Malbec (heute eher selten). Der Anteil dieser Trauben varriert je nach Bodenbeschaffenheit und Ausrichtung der Weinberge.

Bei den Böden unterscheidet man drei Bereiche:

• das Kalksteinplateau, das sich mit kieshaltigen und sandigen Bereichen von Saint-Émilion nach Westen ausdehnt,

• die Côtes und ihre Ausläufer, wo die besten Crus von Saint-Émilion wachsen, und

• die *plaine de sables* (Sandboden)

und das Schwemmland, deren Weine weniger dicht sind als die des Plateau oder von den Côtes.

Das breite Spektrum der Saint-Émilions, die auf diesen Böden gedeihen, wird in einer Hierarchie von Crus klassifiziert: Es gibt die Grands Crus, die Grands Crus Classés, die Premiers Grands Crus Classés B (Angélus, Beauséjour-Becot, Beauséjour, Belair, Canon, Figeac, La Gaffelière, Magdelaine, Pavie, Trottevieille, Clos Fourtet) und an der Spitze die zwei Premiers Grands Crus Classés A, Ausone und Cheval Blanc. Kräftig, körperreich und mit tiefgründigen Aromen, sind die besten Crus ebenso fein wie mächtig. Durch den Merlot erhalten die gelegentlich recht festen Weine eine schöne Rundheit und Samtigkeit. Im Vergleich mit den Weinen vom linken Ufer von Garonne und Gironde machen diese Eigenschaften den besonderen Reiz der Saint-Émilions aus.

Berühmte Châteaus

Der Reichtum von Saint-Émilion liegt sicherlich in seinen Weinen. Die Stadt ist von Weinbergen umgeben, und die ersten Rebzeilen beginnen direkt vor den Stadttoren. Im Süden reihen sich die Châteaus an der Côte und am Rand des Plateaus oberhalb der Dordogne-Ebene auf: Château Pavie, Château Ausone, Château Belair, Château La Gaffelière und Château Magdelaine.

Im Westen, wo man auch auf die Châteaus Canon und Clos Fourtet stößt, verteilen sie sich bis an den Nordwestrand des Plateaus, das dort an das Gebiet von Pomerol mit den berühmten Châteaus Figeac und Cheval Blanc grenzt. Diese großen Terroirs von Saint-Émilion bringen die renommiertesten und seit Jahrhunderten geschätzten Weine der Appellation hervor, die jedoch erst im 19. Jahrhundert zu echtem Ruhm gelangten. Die Terroirs und Weingüter im Norden, Osten und Süden sind etwas weniger bekannt. Dennoch haben auch sie zum Weltruhm der Appellation Saint-Émilion beigetragen, die mit ihrer ganz eigenen Identität heute einen festen Platz in der großen Familie der Bordeaux-Weine hat.

Die tiefen Gänge im Kalkgestein von Saint-Émilion eignen sich hervorragend als Weinkeller.

Saint-Macaire

Günstiger kann eine Stadt kaum liegen! Der Kalkhügel von Saint-Macaire befindet sich direkt am Eingang des Bordelais mit den Premières Côtes von Bordeaux und Entre-deux-Mers auf der einen und den Graves auf der anderen Seite. Das Städtchen verfügte lange über einen wichtigen Hafen am rechten Ufer der Garonne, doch dann änderte der Fluss allmählich seinen Lauf, und die Quais befanden sich einige hundert Meter im Landesinneren. Als der Weinhandel noch von Bordeaux kontrolliert wurde, war Saint-Macaire ein Zwischenlager für die Weine aus dem Haut Pays – insbesondere für jene aus Cahors und Gaillac, die über Lot und Tarn transportiert wurden. Hier warteten sie darauf, im großen Hafen an der Gironde verkauft werden zu dürfen. Bevorzugt wurden damals die Bordeaux-Weine, die am rechten Ufer in Saint-Macaire, aber auch in Sainte-Croix-du-Mont, in Loupiac, in Cadillac und im Entre-deux-Mers sowie am anderen Ufer in den Graves und in Sauternes produziert wurden.

Alte Häuser drängen sich am Ufer der Garonne zwischen die Kirche Saint-Saveur und den Glockenturm: Die einstige Hafenstadt Saint-Macaire ist heute die malerische „Hauptstadt" einer bescheidenen kleinen Appellation.

Der südliche Hafen des Bordelais

Einst war Saint-Macaire eine befestigte Stadt. Die alten Stadtmauern bestimmen noch heute die Umrisse des ursprünglichen Dorfes. Es drängen sich alte Häuser und enge Gassen um die imposante Kirche Saint-Saveur aus dem 12. und 14. Jahrhundert, den romanischen Glockenturm und das Benediktiner-Priorat. Dort befand sich einst die Ermitage des heiligen Macaire, der den Landstrich missionierte und Schutzpatron der

Gemeinde ist. Haupttor zur Stadt ist die Porte de Benauge, ein Uhrturm aus dem 13. und 14. Jahrhundert. Die Porte de Turon und die Porte Rendesse bilden weitere Zugänge. Im Herzen des alten Viertels liegt die Place du Mercadiou. Der von gotischen Häusern mit mächtigen Arkaden umgebene Platz spiegelt das

Eine liebliche Weißweinspezialität

In Saint-Macaire werden neben einfachen roten Bordeaux und trockenen Weißen auch liebliche Weiß- und Likörweine in kleinen Mengen produziert, die sich AOC Côtes de Bordeaux Saint-Macaire nennen dürfen. Wie die übrigen Dessertweine der Gegend bestehen sie im Wesentlichen aus Sémillon, ergänzt durch Sauvignon und Muscadelle, die ihnen ihre charakteristischen Blumen- und Honignuancen verleihen. Von der Banalität, die man ihnen einst nachsagte, ist nichts mehr zu spüren. Die angenehm lieblichen Weine werden leider immer noch verkannt.

Bild einer lebhaften, geschäftigen Stadt wider, die zu den typischsten des Bordelais gehört.

Das sanft gewellte Relief der Côtes de Bordeaux prägt die Landschaft am südöstlichen Rand des Weinbaugebietes, das sich zwischen Garonne und Dordogne erstreckt. Nichts als Weinstöcke, so weit das Auge reicht. Und dazwischen malerische Dörfer wie Saint-Maixant, zu dem auch das berühmte Malager-Anwesen gehört, das der Schriftsteller François Mauriac so schätzte, oder Saint-André-du-Bois mit dem Château de Malromé, wo der Maler Toulouse-Lautrec bis zu seinem Tod lebte. Sein Grab befindet sich einige Meilen entfernt in Verdelais.

Sauternes

BORDELAIS

Das Château d'Yquem, Symbol für die Weine von Sauternes, gehört zu den mythischsten Orten in der Welt des Weines.

Sauternes ist heute das Synonym für die „größten Dessertweine der Welt". Auf der Landzunge am Zusammenfluss von Garonne und Ciron liegt das Dorf an einem Bach eingebettet in die sanfte Hügellandschaft. Zweifellos ist es diese einzigartige Lage, die das Entstehen der berühmten, für die großen weißen Dessertweine so charakteristischen Edelfäule möglich macht: In den Herbstnächten vor der Weinlese legt sich ein feuchter Nebel über die Rebstöcke, der im Laufe des Tages nach und nach in der Sonne verdunstet.

Die Quintessenz der Edelfäule

Den Dörfern der AOC Sauternes (die Weine von Barsac dürfen eine eigene Appellation führen, die AOC Barsac) sind die mehr oder weniger kalk- und lehmhaltigen „Graves"-Böden und der vom Sémillon dominierte und in variierenden Anteilen durch Sauvignon und Muscadelle ergänzte Rebbestand gemein. Diese Rebsorten – besonders der Sémillon – werden im spezifischen Klima der Gegend in günstigen Jahren von dem Pilz *Botrytis cinerea* befallen, der bei den ansonsten gesunden Trauben die so genannte Edelfäule verursacht. Die befallenen Beeren werden in mehreren Durchgängen handverlesen und besitzen eine besonders hohe Zuckerkonzentration. Der nur in kleinen Mengen produzierte Wein ist sehr süß und ölig, reichhaltig und dickflüssig und von großer aromatischer Komplexität.

Die Hauptstadt der Dessertweine

Die Kunst der Dessertweinherstellung beherrscht man an den Ufern der Garonne erst seit dem 17. Jahrhundert, als das Bürgertum von Bordeaux sich in den Herrschaftshäusern um Sauternes niederließ und außerdem der triumphale Siegeszug der Graves-Weine begann. Doch Sauternes ist bescheiden geblieben. Von seiner ursprünglich romanischen Kirche ist nur der Chor erhalten, die restlichen Teile stammen aus dem 17. und 19. Jahrhundert. Sein wahrer Reichtum liegt in den Schlössern, die sich über

die sanft gewellten Weinberge verteilen und jedem Weinfreund ein Begriff sind. Das Château d'Yquem ist das einzige Weingut mit Premier-Cru-Supérieur-Klassifikation. Das im 16. Jahrhundert errichtete Bauwerk mit seinen Türmen aus dem 15. Jahrhundert ist seit dem 18. Jahrhundert im Besitz der Familie Lur-Saluces. Seit der Geburtsstunde der großen Dessertweine gelten die Yquem-Methoden als Ideal für die Herstellung der berühmten Sauternes. Daneben gibt es das nüchterne Château Guiraud (Premier Cru Classé) aus dem

18. Jahrhundert, das Château Filhot (Second Cru Classé) mit seiner aristokratischen Architektur aus dem 18. und 19. Jahrhundert, das malerisch auf einem Hügel gelegene Château Lamothe (Second Cru Classé) aus dem 16. Jahrhundert und das ebenfalls auf einer Anhöhe errichtete Château d'Arche (Second Cru Classé), um nur die wichtigsten zu nennen. Nicht zu vergessen sind auch die zahlreichen Châteaus der Appellation Sauternes in den benachbarten Gemeinden Bommes, Fargues, Preignac und Barsac.

Inmitten der von Châteaus übersäten Weinberge hat sich Sauternes seinen bescheidenen ländlichen Charakter bewahrt.

Ancenis

LOIRE-TAL

So bedeutend wie in früheren Zeiten ist die Stadt an der Loire sicherlich nicht mehr, doch mit seinen Weinbergen an den Flussufern (rechte Seite) bildet Ancenis den hübschen Übergang zwischen Anjou und Pays Nantais.

Auf der letzten Etappe ihrer langen Reise fließt die Loire vom Anjou in die Bretagne, um dort das Pays Nantais zu passieren und in den Atlantik zu fließen. Die Hafenstädte – Ingrandes und Ancenis am rechten Ufer des Stromes, Saint-Florent-le-Vieil et Champtoceaux am linken – haben sich an den natürlichen Häfen des Flusses angesiedelt. Besonders hübsch sind die zahllosen kleinen – häufig einzig den Pappeln überlassenen – Flussinseln. Ihre Namen – Île Batailleuse, Île Mocquart, Île Kerguelin, Île aux Moines, Île Coton – lassen das Land des Lyrikers Joachim du Bellay lebendig werden, der in Liré im Château de la Turmelière am linken Flussufer jenseits von Ancenis geboren wurde.

Zwischen den Traditionen von Anjou und Nantes

In diesem östlichen Teil der Heimat der trockenen weißen Muscadetweine hebt sich die Appellation Muscadet Coteaux de la Loire deutlich vom Muscadet Sèvre-et-Maine ab. Ihre Weine sind von stärkerer Konstitution, nervöser und weniger von „Primeur"-Charakter.

Neben der für Nantes typischen VDQS Gros Plant ist die Tradition des Anjou im Rebbestand der Coteaux d'Ancenis spürbar: Gamay, Cabernet Franc und Carbernet Sauvignon für die Roten, Pinot Gris – hier Malvoisie genannt – und Chenin für die Weißen.

Ein Wachposten über der Loire

Ancenis hatte bereits im frühen Mittelalter einen Sonderstatus, da sein Kalkhügel einen idealen Standort für eine Burg bot, die über den Fluss und die östliche Bretagne wachte. Von der Anlage sind heute lediglich ein Rennaissancegebäude, zwei Eingangstürme aus dem 15. Jahrhundert und eine verdeckte Zugbrücke sowie ein Teil der mächtigen Befestigungsmauer erhalten. Am Loire-Ufer zeugen die Quais – an denen früher die mit Weinfässern beladenen Schiffe anlegten – und die Brücke von den Verkehrswegen von Ost nach West und von Nord nach Süden, die der Stadt ihren Wohlstand bescherten. Malerische mittelalterliche Häuser, Weinkeller und Kaufmannshäuser mit hübschen Portalen und Innenhöfen aus dem 15. Jahrhundert in dem Viertel um die Rue des Tonneliers erzählen vom einträglichen Handel der Stadt. Weiter oben reckt die Kirche Saint-Pierre-et-Paul ihren merkwürdigen Glocken-/Torturm aus dem 15. und 16. Jahrhundert in die Höhe. Im Weinbaugebiet von Ancenis wird die Loire bretonisch: Kaum hat sie die Appellation Anjou Coteaux verlassen, beginnt mit der Appellation Muscadet Coteaux de la Loire die Herrschaft der Rebsorte Melon. Doch in den Weinen der Coteaux d'Ancenis, einer VDQS-Appellation, finden sich auch die Rebsorten des Anjou. Die Weinstöcke lieben das leicht gewellte Land am Flussufer: Am westlichen Rand von Ancenis umschließen sie das Dorf Saint-Géréon und seine Hanglage Pierre-Meslière, die von einem schroffen Fels überragt wird, ziehen sich an Oudon und seinem Bergfried aus dem 16. Jahrhundert vorbei, vertändeln sich am Südufer in der Gegend von Liré und bilden, an das Nordufer zurückgekehrt, einen eindrucksvollen Kontrast zu den Folies-Siffait, einer märchenhaften Gartenlandschaft aus dem 19. Jahrhundert, die einen Hauch von Extravaganz in diese heiter-beschauliche Landschaft bringen.

Azay-le-Rideau

LOIRE-TAL

"Eine Perle in der Indre" nannte Balzac das Château von Azay-le-Rideau, das würdevoll und heiter auf dem Wasser zu liegen scheint. Das Dorf am rechten Flussufer lebt im Rhythmus des Schlosses und seiner Touristenströme. Die Weinberge, ein weiteres Kleinod der Gemeinde, erstrecken sich in Richtung der Loire entlang den Straßen nach Vallères und Lignières-de-Touraine, die zu den berühmten Loire-Schlössern Villandry und Langeais führen. Am anderen Flussufer reichen die Rebzeilen in Richtung Ussé bis nach Cheillé und Rivarennes und flussaufwärts bis nach Saché, jenem Dorf, das Balzac so teuer war.

Das hübsche Dorf Azay-le-Rideau verkörpert die besondere Eleganz des Loire-Tales.

Die Eleganz der Renaissance

Das Schloss von Azay-le-Rideau ist ein Spiegelbild der sanften und lichtdurchfluteten Landschaft, die besonders zu Beginn des 16. Jahrhunderts so viele Fürsten und Könige begeisterte. In jener Zeit ersetzte Gilles Bertholet, Schatzmeister von Franz I., die Ruinen einer alten Burg auf einer Indre-Insel durch ein Bauwerk in einem neuen, durch

Eine kleine, ursprüngliche Appellation

Der Wein der Touraine ist eine berühmte Spezialität der Gegend von Azay-le-Rideau, doch nur etwa 60 Hektar des Gebietes haben Anrecht auf die Appellation Touraine-Azay-le-Rideau: Dort entstehen auf den lehm- oder kieshaltigen Böden

Weißweine, die – wie in Vouvray oder Montlouis – ausschließlich aus der Chenin-Traube bestehen, und Rosés, die aus Grolleau (oder Groslot) gemacht werden, einer Rebsorte, die vermutlich aus Cinq-Mars-la-Pile, einem Dorf am Nordufer der Loire, stammt. Die Rotweine (Gamay, Cabernet Franc, Côt) gehören zur großen Appellation Touraine. Die lebendigen Weißweine mit Nuancen von Akazie und Heckenrosen und fein mineralischem Unterton entwickeln mit der Zeit Aromen von Quitten und Honig. Die blassen, frischen Rosés vereinen in sich fruchtige (Kirsche, Himbeere, Birne) und blumige (Rose, Veilchen) Noten mit einem Hauch von Pfeffer.

italienische Einflüsse geprägten Stil. Es entstand ein elegantes Lustschloss mit harmonischen Formen, ein Meisterwerk der beginnenden Renaissance, dessen Charme die Jahrhunderte überdauern sollte. Die Südfassade des in L-Form erbauten Schlosses spiegelt sich in den stillen Wassern, und seine weißen Mauern sowie die bläulichen Schieferdächer bilden einen hübschen Kontrast zum Himmel der Touraine. Die Ausstrahlung des Schlosses ist ebenso reizvoll wie die Landschaft: Alles ist friedlich, sattes Grün beherrscht das Tal, Rebzeilen wogen im Wind, in der Ferne rauscht der Wald und am Fluss reihen sich die Mühlen auf. Vermutlich lockte genau diese friedliche Atmosphäre die ersten Winzer an die beschauliche Indre, an deren Ufern die Wiege des Weinbaus in der Touraine liegt. Man kann sich leicht vorstellen, wie sie in ihren bemerkenswerten Felsenhäusern, die man etwa in Goupillières in drei Kilometer Enfernung von Azay besichtigen kann, lebten und arbeiteten. Seit jener Zeit zeichnet sich dieses Terroir besonders durch seine wunderbaren Weiß- und Roséweine aus.

Das Schloss von Azay-le-Rideau mit seinen ausgewogenen, harmonischen Formen ist ein Meisterwerk der Renaissance und ein Kleinod im berühmten „Tal der Könige".

Cheverny

Die nüchterne und symmetrische, typisch klassische Architektur des Château von Cheverny (oben) steht im Gegensatz zu den ländlichen Winzerhäusern der Touraine (rechte Seite).

Südlich von Blois und Chambord, zwischen Loire und Cher, vereinigen sich die Regionen Touraine und Sologne. Die Landschaft ist geprägt von Waldgebieten, Jagdwäldern, Heideland, Gemüsekulturen, Obstgärten und Weinbergen. Im Herzen des Blésois liegt Cheverny. Mit seinem Schloss und der noch heute gepflegten Tradition der Parforcejagd, aber auch mit seinen Weinbergen und Weinen ist das Dorf ein Spiegelbild der melancholisch anmutenden Landschaft, die der französische Gelehrte Michelet „sanft und sinnlich" nannte.

Das Château

Das Château von Cheverny in seiner klassischen Strenge ist beispielhaft für die Architektur des beginnenden 17. Jahrhunderts. An den zentralen Gebäudeteil schließen sich zwei symmetrische Flügelbauten an, die von je einem kuppelförmigen Dach und einem Glockenhaus überragt werden. Elegant harmoniert der weiße Stein aus Bourré im nahe gelegenen Cher-Tal mit den bläulich schimmernden Schieferdächern. Die horizontale Linie der erhabenen Verzierungen am Hauptgebäude und den Flügelbauten bildet einen beruhigenden Kontrast zum Auf und Ab der Dächer und Schornsteine. Das üppiger und wärmer gestaltete Innere besticht durch seine aufwändige Möblierung und die Verzierungen von Speisesaal, großem Salon, Königszimmer und auch Waffenkammer, während die Wirtschaftsgebäude den Besucher mit dem Trophäensaal mit seinen 2000 Geweihen und vielleicht noch mehr mit dem Hundezwinger mit seiner ohrenbetäubenden Meute beeindrucken ...

Zwillingsdörfer

Adel verpflichtet. Darüber vergisst man beinahe das Dorf Cheverny und das angrenzende und wichtigere Cour-Cheverny. Bescheiden gruppieren sich die zwei Örtchen um ihre romanischen Kirchen von eher ländlichem Charme. Sie liegen vereint in einem einzigen Weinbaugebiet und teilen sich seine beiden ineinander übergreifenden Appellationen. Das Gebiet erstreckt sich entlang des Beuvron, der Cellettes und das Renaissanceschloss Beauregard passiert, bevor er bei Candé-sur-Beuvron in die Loire fließt, und über das hübsche Anwesen von Troussay bis zur mächtigen mittelalterlichen Festung von Fourgères-sur-Bièvre. Die Route des Châteaux und zahllose Weinbergwege führen durch diese einzigartige Landschaft.

Ein Weinbaugebiet, zwei Appellationen

In dem Weinbaugebiet südlich der Loire auf der Höhe von Blois wachsen heute für die Touraine typische Rebsorten. Die 24 Gemeinden der 1993 gegründeten AOC Cheverny widmen sich den Assemblage-Weinen: Bei den Weißweinen verleiht der Chardonnay dem Sauvignon eine elegante Note, bei den Roten werden Gamay und Pinot Noir mit Cabernet Franc und Côt verschnitten (ebenso bei den Rosés, die auch Pineau d'Aunis enthalten können). Ungewöhnlicher – weil einzig in ihrer Art – ist die AOC Cour-Cheverny, die sich auf elf Gemeinden desselben Gebietes beschränkt und dem einzigartigen und seltenen Romorantin vorbehalten ist, einer Rebsorte möglicherweise burgundischen Ursprungs mit ausgeprägtem Charakter, die sich auf interessante Weise zu Nuancen von Akazie, Honig und Wachs entwickelt.

Chinon

LOIRE-TAL

„Kleine Stadt, großer Ruf!", so die Worte des Dichters Rabelais, der von dem nahe gelegenen Pachthof La Devinière wenige Kilometer südwestlich von Chinon stammte. Im Grenzgebiet von Touraine und Anjou liegt das Städtchen malerisch am rechten Ufer der Vienne kurz vor dem Zusammenfluss mit der Loire. Die günstige Lage von Chinon spiegelt sich in seiner langen Geschichte, seinem architektonischen Reichtum und der jahrhundertealten Tradition seiner Weine wider.

Die imposanten Ruinen des herrschaftlichen Schlosses erinnern an die historische Bedeutung von Chinon zu Zeiten der Könige.

Eine mittelalterliche Altstadt

Chinon kann auf eine bewegte Geschichte zurückblicken, und der Wohlstand vergangener Zeiten lässt sich an den Ruinen der großen Festungsanlage ablesen, deren Mauern, Türme und Bergfriede aus dem 12., 13. und 14. Jahrhundert die Stadt überragen. Im mittelalterlichen Teil unterhalb des Schlosses spürt man noch den Hauch der Vergangenheit. Ihr Baumaterial stammt aus den zahllosen unterirdischen Gängen, von denen viele zu Weinkellern wurden – so auch die berühmten Caves Painctes, die Rabelais so schätzte. Alte Häuser säumen die Straßen, die sich zum

Das Königreich des Cabernet Franc

Chinon ist ringsum von insgesamt 2200 Hektar Rebfläche umgeben, wobei die Terroirs sehr unterschiedlich beschaffen sind. Auf den sand- und kieshaltigen Terrassen direkt am Wasser entstehen fruchtige, leichte Weine, die sehr jung getrunken werden. Die lehmigen Kalk- oder Kiesböden der Hänge und Plateaus ergeben ebenfalls aromatische, jedoch festere Weine mit weichen Tanninen. Zahlreiche Winzer, etwa in Cravant-les-Coteaux, besitzen sehr unterschiedliche Terroirs, die sie in einem einzigartigen Cuvée vereinen, in dem alle Nuancen in wunderbarer Harmonie nebeneinander bestehen.

Die große rote Traube von Chinon ist, wie im gesamten Loire-Tal, der Cabernet Franc. Auch wenn man sie hier als „Breton" bezeichnet, stammt sie aus Aquitanien und ist lediglich über den Hafen von Nantes an die Loire gekommen. Ihr Aroma setzt sich aus Blumen (Iris, Pfingstrosen, Veilchen) und Früchten (Himbeere, Erdbeere, Johannisbeere) zusammen. Die komplexesten Weine gewinnen mit der Zeit an Samtigkeit sowie Nuancen von Unterholz und Champignons. Daneben gibt es einen sehr seltenen weißen Chinon, der wie alle großen Weißweine des Loire-Tales aus Chenin gekeltert wird.

Zentrum der befestigten Stadt hinaufschlängeln, schmücken Plätze wie den Grand Carroi oder gruppieren sich um die Kirchen, in denen sich Romanik und Gotik des Anjou verbinden: Saint-Maurice, Saint-Mexme und Saint-Étienne. Prachtvolle Stadtpaläste aus der Renaissance oder dem 17. Jahrhundert komplettieren das Stadtbild.

Aus den unterirdischen Steinbrüchen wurde einst das Baumaterial gewonnen. Heute eignen sich die alten Stollen hervorragend als Weinkeller.

Chinon und sein Wein

Die Weinberge rund um das lebhafte Städtchen haben eine jahrhundertealte Tradition. Ausgezeichnete Terroirs gibt es hier allerorten. Auf der Landzunge am Zusammenfluss von Vienne und Loire erstreckt sich um Savigny und Beaumont das sanfte Hügelland der von Rabelais so geschätzten Landschaft des Véron: Terrassen und Hänge – etwa die berühmten Clos de l'Écho und Clos de l'Olive bei Chinon – erstrecken sich in schönster Südlage entlang dem rechten Vienne-Ufer bis zu den Dörfern Cravant-les-Coteaux und Panzoult flussaufwärts. Am jenseitigen Flussufer ist das Plateau von Ligré ebenfalls nach Süden ausgerichtet.
Die Vielfalt dieser historischen Terroirs der Appellation bringt Weine von ganz unterschiedlichem Charakter hervor: solche, die jung getrunken werden sollten, und solche, die sich bestens für eine Lagerung von mehreren Jahren eignen. Doch eines ist ihnen gemein: Sie können noch immer so viel Begeisterung entfachen wie zu Rabelais' Zeiten.

Saumur

LOIRE-TAL

Das aus weißem Tuffstein an den Ufern der Loire erbaute Städtchen Saumur (oben) kann sich seines imposanten und dennoch eleganten Schlosses oberhalb der Stadt rühmen (rechte Seite).

Wie im Stundenbuch des Herzogs von Berry (*Très Riches Heures*) wacht die stolze und elegante Silhouette des Schlosses von Saumur noch heute auf einem Hügel über der Loire. Mit seiner günstigen Lage am Zusammenfluss von Loire und Thouet, wo die Flussinseln einst eine hervorragende Kontrolle der Schifffahrt ermöglichten, gilt Saumur seit Jahrhunderten als „Perle des Anjou". Der Prunk der Grafen, Herzöge und Könige, die berühmte Reitschule und die großen Weinhäuser haben Saumur zu dem gemacht, was es ist.

Saumur „die Weiße"

Das Weiß des Tuffsteins ist die dominierende Farbe in der Stadtarchitektur von Saumur – im Gegensatz zum schwarzen Schiefer des Schlosses von Angers, „der Schwarzen". Im Laufe der Jahrhunderte hat die Stadt es zu einem dauerhaften Wohlstand gebracht und nennt zahlreiche Schätze ihr Eigen. Als Erstes zu nennen ist natürlich das Schloss, ein wunderschöner viereckiger Bau mit vier Ecktürmen aus dem 14. Jahrhundert, der heute

ein Kunstmuseum und ein Pferdemuseum beherbergt. Von dort aus hat man einen fantastischen Blick auf die Täler von Loire und Thouet. In der Stadt kann man in den alten Straßen noch die Überreste der Befestigungsanlage aus dem 15. und 16. Jahrhundert bewundern, etwa die Tour Grenetière oder die Tour de Bourg, und ebenso die zahlreichen alten Häuser, zum Beispiel die Maison du Roi René oder die Maison de la Reine de Sicile auf der Île d'Offard, in deren Mauern noch die Erinerung an Balzacs Eugénie Grandet hängt ... Auch mit seinen Kirchen kann Saumur sich schmücken: Saint-Pierre, in der sich Romanik und Gotik vereinen, auf einem Platz mit hübschen Fachwerkhäusern aus dem 15. Jahrhundert unterhalb des Schlosses, Notre-Dame de Nantilly, ein nüchternes, mächtiges Bauwerk aus dem 12. Jahrhundert im vermutlich ältesten Viertel der Stadt hinter dem Schloss, oder Notre-Dame des Ardilliers in der klassischen Architektur des 16. und 17. Jahrhunderts, mit der sich der Katholizismus in dieser protestanischen Bastion behauptet.

Weinberge und Weinkeller

In der Umgebung von Saumur ist der Kalkstein am linken Loire-Ufer durchzogen von zahlreichen und häufig sehr großen Kellern. Größtenteils handelt es sich um alte Steinbrüche, die das Baumaterial für die Region lieferten. Die Schlösser und Herrenhäuser der Gegend sind buchstäblich aus den Kellern entstanden, in denen heute ihre Weine lagern. Saint-Hilaire und Saint-Florent im Nordwesten haben sich so einen Namen gemacht: In den beiden Weilern, die heute zu Saumur gehören, sind die großen Weinhäuser angesiedelt, die für die Herstellung der Schaumweine von Saumur verantwortlich sind. Das Verfahren wurde vom Gründer des Weinhauses Ackermann eingeführt, welches zu Beginn des 19. Jahrhunderts mit der Bewirtschaftung der Lagen begann. Saint-Florent, einst Sitz einer

bedeutenden Abtei aus dem 12. Jahrhundert, von der jedoch nur einige Überreste erhalten sind, und Saint-Hilaire verfügen über ein riesiges Netz von unterirdischen Gängen, die sich hervorragend für die Produktion von Schaumweinen, aber auch für die Champignonzucht eignen.

Die übrigen Gemeinden um Saumur stehen dem jedoch in nichts nach. Im Südosten von Saumur wachsen auf ihren Terroirs je nach Bodenbeschaffenheit weiße oder rote Rebsorten, und alle wachen sie über das Geheimnis ihrer mehr als außergewöhnlichen Weinkeller: Ob nun Dampierre, Souzay-Champigny, Parnay, Turquant, Varrains, Chaintré, Chacé mit seinem Champigny-Museum, Champigny, das dem Saumur-Champigny seinen Namen gibt, oder Saint-Cyr-en-Bourg mit seiner großen Winzergenossenschaft – sie alle verleihen dem Weinbaugebiet mit ihrem unverwechselbaren Charme seinen unnachahmlichen Charakter.

Das riesige Netz von in den Tuffstein gehauenen Gängen, wie man es häufig im Kalkstein des Loire-Tales findet, eignet sich gleichermaßen für Weinherstellung und Champignonzucht.

„Stille" und „sprudelnde" Weine

Zahlreiche Weine tragen den Namen Saumur, die weißen werden aus Chenin gekeltert, die roten aus Cabernet Franc. Berühmt geworden ist jedoch das Weinbaugebiet von Saumur vor dem rasanten Aufstieg des Saumur-Champigny durch seine Schaumweine, die den größten Teil der Produktion ausmachen. Auf der Basis von Chenin, ergänzt durch Chardonnay und gelegentlich Sauvignon, aber auch durch die üblichen roten Rebsorten, wird der AOC Saumur Mousseux – häufiger Saumur Brut genannt – nach der Champagnermethode hergestellt. Daneben gibt es noch die wesentlich kleinere AOC Saumur Pétillant, die weniger Kohlensäure enthält, und natürlich die AOC Crémant de Loire, bei deren Herstellung strengere Regeln angelegt werden. Allen Schaumweinen gemein ist jedoch ihr gleichzeitig lebendiger und sanfter Charakter mit den für die auf Tuffstein angebauten Loire-Weine typischen Aromen.

Savennières

Savennières, ein typisches Dorf des Anjou, liegt inmitten seiner Weinberge am rechten Ufer der Loire.

Eine der schönsten Gegenden des Loire-Tales liegt wohl unterhalb von Angers an einer Biegung des Stromes, deren kleine Inseln und Klippen einst von den Flussschiffern mit ihren Segelbooten umschifft wurden. Gegenüber dem malerischen linken Loire-Ufer und der Insel Béhuard bezaubert das jenseitige Ufer rund um Savannières mit seiner sanften Hügellandschaft. Unterhalb der von Hecken und Baumgruppen gekrönten Kämme liegen in schönster Ordnung die nach Süden zur Loire ausgerichteten Weinberge. Die gleichzeitig anheimelnde und weite Landschaft vermittelt etwas von der „Sanftheit des Anjou", die der Dichter Joachim du Bellay so liebte.

Die edelsten Weine des Anjou

Die ausschließlich weißen Weine der AOC Savennières werden aus der Edelrebe Chenin gekeltert. Sie sind meisthin trocken, doch es werden – der Tradition folgend – auch liebliche Weine produziert. Die lebendigen und mineralischen, aber dennoch vollmundigen und körperreichen Weine benötigen einige Jahre, um ihre ganze Komplexität zu offenbaren. Ihre größte Ausdruckskraft erzielen sie auf zwei Lagen oberhalb der Loire im Osten der Appellation – mit der Roche-aux-Moines, die mehreren Besitzern gehört, und der berühmten Coulée de Serrant, die in einer Hand ist und am Nachbarhang unterhalb des Schlosses La Roche-aux-Moines liegt.

Ein bedeutender Ort an der Loire

Die Geschichte und der Wein haben es stets gut gemeint mit diesem günstig gelegenen Ort an der Loire, und das nicht zuletzt deshalb, weil vor dem Bau der Brücke die Île Béhuard die Flussüberquerung nach Rochefort-sur-Loire erleichterte. Inmitten der hübschen, schieferbedachten alten Häuschen von Savannières kann man die schönste und älteste frühromanische Kirche des Anjou bewundern. Neben einigen Bauelementen aus dem 12. – Chor und Glockenturm – und 15. Jahrhundert sind

noch einige ältere im Fischgrat gemauerte Teile erhalten.

Auf der Île de Béhuard in der Flussmitte vor dem Dorf pflegt man noch heute die Tradition der Marienverehrung, die bei den Flussschiffern, die täglich den Gefahren des Stromes ausgesetzt waren, einst sehr ausgeprägt war. Nachdem Ludwig XI. auf wundersame Weise einen Schiffbruch auf der Loire überlebt hatte, ließ er dort im 15. Jahrhundert auf einem Schieferfelsen die Kirche Notre-Dame de Béhuard errichten, die von Häusern aus dem 15. und 17. Jahrhundert umgeben ist.

Die Landschaft von Savonnières erfreut sich seit Jahrhunderten großer Beliebtheit. So ließ sich der Adel dort natürlich gerne nieder. Davon zeugen heute noch zahlreiche Schlösser und hübsche Herrenhäuser, so zum Beispiel das prachtvolle, von Wassergräben umgebene Renaissanceschloss von Serrant unweit von Saint-Georges-sur-Loire oder das Château La Roche-aux-Moines aus dem 18. Jahrhundert, das im berühmtesten Teil des Weinbaugebietes an den steilen Hängen oberhalb der Loire thront, sowie die Anwesen von Chamboureau und Lauriers.

Die nach Süden geneigten Weinberge sind oftmals zu steil, um mit Maschinen bestellt zu werden. So kommt hier gelegentlich auch das Pferd als Zugtier zum Einsatz.

Vouvray

Vouvray liegt am rechten Loire-Ufer am Fuße seiner Weinberge (oben), die sich bis auf das Plateau erstrecken, auf dem der Chenin in großen Parzellen wächst (rechts).

Honoré de Balzac, aus Tours gebürtig und ein Freund alles Guten, träumte vom Château de Moncontour und dessen gleichzeitig diskreter und beherrschender Lage in Vouvray. Allein fehlte es ihm an Geld ... Dennoch kann man Balzac gut verstehen, denn die Landschaft ist wunderschön, der Wein gut und Tours nicht fern. Unterhalb von Moncontour verengt sich die fruchtbare Flussebene, die sich bei Noizay und Vernou-sur-Brenne weit zwischen Hügelland und rechtem Loire-Ufer ausdehnt, und die kurz zuvor von der Brenne gespeiste Cisse mündet in die Loire. Hier rücken die Hänge direkt an das Flussufer heran und erheben sich über die scheinbar träge dahinfließende Loire.

Einzig Chenin

Ob trocken, halbtrocken, lieblich, likörartig oder schäumend – der ausschließlich weiße Wein von Vouvray wird einzig aus der Chenin-Rebe gekeltert. Vouvray ist das Herzstück der acht Gemeinden umfassenden Appellation. Die unterschiedlichen Böden auf dem kalkigen Untergrund – Sandböden, Lehm-Kies-Böden und Lehm-Kalk-Böden – mit ihren verschiedenen Ausrichtungen und Klimabedingungen bieten der in Geruch, Geschmack und Farbe so vielseitigen Rebe ideale Entfaltungsmöglichkeiten. Weiterhin tragen ihre angenehme natürliche Säure und der Reichtum, den sie durch eine späte Lese oder die Edelfäule erlangen können, zum breiten Spektrum ihrer Ausdrucksformen bei, in dem Aromen von Akazie, Lindenblüte, Apfel und Quitte dominieren, die sich in langen Jahren hin zu Champignon, Trockenfrüchten, Honig oder Wachs mit ebenso zahlreichen wie komplexen Nuancen entwickeln.

Ein Dorf am Fuße der Weinberge

Jene Hänge, die sich am Ufer der Loire über Tours bis nach Langeais ziehen, bilden den Rand eines leicht ansteigenden Kalkplateaus, zu dem man nur über die quer liegenden „Täler" – lange, steile Einbuchtungen – Zugang hat. Am Fuße dieser Hänge liegt Vouvray mit seiner im 19. Jahrhundert beinahe vollständig auf ihrem romanischen Fundament wieder aufgebauten Kirche und erstreckt sich in Täler mit so hübsche Namen wie Vallée Coquette oder Vallée Chartier. Der weiche, gelbliche Tuffstein ist überall von unterirdischen Stollen durchzogen, die das Baumaterial für die Gegend lieferten.

In den Stein wurden außerdem ganze Gebäude gehauen – etwa die Chapelle de L'Écheneau aus dem 16. Jahrhundert –, deren gleich bleibend kühle Temperaturen sie zu hervorragenden Weinkellern machen. Besondere Berühmtheit hat dabei die Cave de la Bonne Dame gewonnen, in der die großen Weinproben des Ortes stattfinden.

Das Plateau und die Talhänge sind fest in der Hand der Weinstöcke. Auch an Herrenhäusern und Schlössern, die häufig ein Weingut betreiben, mangelt es nicht: Château de Moncontour, im Wesentlichen erbaut im 15. Jahrhundert, das Herrenhaus La Gaudrelle mit seinen Weinkellern und der Felsenkapelle aus dem 18. Jahrhundert, und das Anwesen Haut-Lieu aus dem 18. Jahrhundert inmitten von herrlichen Weinbergen sind nur einige davon. Die Weinkeller und Häuser ziehen sich am Fuße des Hanges bis ins nahe gelegene Rochecorbon, das von den Ruinen eines Schlosses aus dem 15. Jahrhundert überragt wird. Die hübsche romanische Dorfkirche oder die halb in den Stein gehauene Kirche von Saint-Georges aus dem 11. Jahrhundert verweisen auf die jahrhundertalte Bedeutung der Lagen, deren Weine denen von Vouvray seit langem ebenbürtig sind.

Saint-Pourçain-sur-Sioule

ZENTRALFRANKREICH

Das Weinbauland von Saint-Pourçain an den Ufern der Sioule ist geprägt von kleinen Dörfern und Weilern mit vielen Schlössern, Herrenhäusern und Kapellen, die an die ruhmreiche Vergangenheit des Bourbonnais erinnern (rechte Seite).

Aus Puy-de-Dôme fließt die Sioule durch das Grenzgebiet von Bourbonnais und Limagne in Mäandern und durch Schluchten dem Allier zu und überquert dabei die unsichtbare Grenze zwischen Pays d'oïl (Regionen nördlich der Loire) und Pays d'oc (Südfrankreich). In der sanften Hügellandschaft von Saint-Pourçain mit den von kleinen Kalkerhebungen gesäumten Ufern von Sioule und Boule gibt es eine jahrhundertealte Weinbautradition. Als sich das Bourbonnais im 13. Jahrhundert zu einem bedeutenden Lehen entwickelte, brachte dies ihren Weinen einen – mit der Zeit ein wenig in Vergessenheit geratenen – glänzenden Ruf ein, den ihnen im 14. und 15. Jahrhundert einzig die Weine aus Beaune streitig machen konnten.

Die Stille des Bourbonnais

Friedlich liegt Saint-Pourçain zwischen zwei Mäandern der Sioule und drängt sich um seine ebenso große wie merkwürdige Kirche aus dem 11. und 15. Jahrhundert, im Stil der Romanik und Gotik. Das asymmetrische Bauwerk ist zwischen Wohngebäuden eingezwängt, aus denen der Glockenturm des ehemaligen Klosters hinaufragt, das sich um die Cour des Moines gruppiert. Mit seiner imposanten Größe erinnert das Kloster an die Bedeutung, die die Stadt an der Route nach Paris jahrhundertelang innehatte. Das Weinmuseum in der hübschen Maison du Bailli aus dem 16. Jahrhundert zeugt von der Tradition des Weinbaus sowie dem Reichtum an Kunst und Kunsthandwerk in der Region. Vor den Toren des Dörfchens erstrecken sich Felder, Wiesen und Weinberge in einem ruhigen Mosaik über die Uferhänge der Bouble nach Chantelle im Süden und entlang von Sioule und Allier nach Moulins im Norden. Dies ist das Land der romanischen Kirchen und Kapellen, der Taubenschläge und Schlösser. In direkter Nachbarschaft zu Saint-Pourçain ragt im Dörfchen Saulcet – das wohl über die besten Böden des Weinbaugebietes verfügt – der hübsche Glockenturm einer romanischen Kirche in die Höhe. Verneuil-en-Bourbonnais hat sich – besonders durch die solide Kirche Saint-Pierre aus dem 12. Jahrhundert mit einem mächtigen Glockenturm aus dem 14. Jahrhundert – sein mittelalterliches Gesicht bewahrt. Flussabwärts am Allier erfreut sich Châtel-de-Neuvre einer außergewöhnlichen Lage über dem Tal. Seine in ihren Ausmaßen bescheidene, jedoch besonders schöne romanische Kirche ist beispielhaft in ihrem puristischen Stil, der ganz im Geiste des ländlichen Bourbonnais steht.

Eine wieder erstarkte Appellation

Das auf ein Zehntel seiner einstigen Größe reduzierte Weinbauland von Saint-Pourçain (rund 600 Hektar) hat nach königlichen Zeiten heute einen eher bürgerlichen Charme. Die fruchtigen und milden Rotweine bestehen hauptsächlich aus Gamay und sind – je nach dem Anteil von Pinot Noir – mehr oder weniger süffig.

Die Weißweine enthalten zwar die traditionelle Tressalier-Rebe der Region, bestehen jedoch hauptsächlich aus Chardonnay und gelegentlich Sauvignon. Die einfachen, aber gefälligen VDQS haben mit dem Duft des Terroirs wieder auf sich aufmerksam gemacht und dürfen wohl bald auf eine eigene AOC hoffen.

Sancerre

ZENTRALFRANKREICH

In den allgegenwärtigen Weinbergen von Sancerre wachsen Sauvignon Blanc und Pinot Noir.

Auf ihrem langen Weg zum Atlantik passiert die Loire das östliche Berry. Nicht das ländliche Berry von George Sand oder Alain-Fournier, sondern das Weinbauland um Sancerre. Dort wird die Landschaft über dem majestätischen Strom mit seinen Sand- und Weideninseln zu einem bewegten Hügelland, das

sich mit der „Bergspitze" von Sancerre ankündigt. Auf den gelegentlich sehr steilen Hängen wachsen Weinstöcke, die Hügelkämme sind bewaldet. Für den Weinbau ungeeignetes Land gehört den Schafen, aus deren Milch der berühmte Chavignol-Käse hergestellt wird. Wiesen überziehen den unteren Teil der Hänge und die Dörfer der Appellation schmiegen sich in die kleinen Täler.

Der Sancerre und seine Terroirs

Von den 2500 Hektar Rebfläche in Sancerre sind 80% mit Sauvignon und 20% mit Pinot Noir bepflanzt. Der dominierende Sauvignon passt sich den Terroirs der 1936 geschaffenen und 1959 auf Rot- und Roséweine erweiterten AOC hervorragend an. Die *terres blanches*, lehmige Kalk-Böden, ergeben vollmundige Weine, die sich erst nach zwei bis fünf Jahren voll entfalten, die *caillottes*, kreidehaltige Kalkböden, bringen fruchtige, aromatische Weine hervor, die jung getrunken werden, aus den *silex*, vom Feuerstein geprägten Böden, entstehen vollmundige, jedoch recht harte Weine, die erst mit der Zeit eine gewisse Eleganz entwickeln. Ihnen allen gemein ist das Fruchtaroma mit pflanzlichen und mineralischen Nuancen. Sancerre hat keine Crus, doch die Qualität einiger Lagen der besten Terroirs ist unbestritten, etwa Les Monts Damnés auf den *terres blanches* von Chavignol, Le Chêne Marchand auf den *caillottes* von Bué oder Les Romains auf den *silex* von Sancerre. Ob duftend, trocken, lebendig oder mild – seit dem Zweiten Weltkrieg und besonders seit den 1970er-Jahren erleben die Sancerres einen konstanten Aufstieg.

Eine stolze Stadt

Stolz und friedlich liegt Sancerre 306 Meter über dem Meeresspiegel und 150 Meter über dem Fluss im warmen Licht der Loire. Die Namen seiner kleinen Sträßchen lassen die Vergangenheit lebendig werden: Carroir-de-Velours (Samtkreuzung), Rue de Trois-Piliers (Straße der drei Säulen), Rue des Pressoirs (Straße der Pressen) ... In den alten Häusern mit ihren Ziegeldächern oder neueren Schieferdächern ist die Geschichte in den Stein gemeißelt: In der Carroir-de-Verlours liegt das Stoffgeschäft des Enkels von Jacques Cœur (französischer Geschäftsmann), am Ende der Rue des Juifs das Salzamt Karls V. mit seinem Salzspeicher ... Über die Stadt wachen der Uhrturm (1509), ein Symbol des erstarkenden Bürgertums im 16. Jahrhundert, und die Tour des Fiefs (Ende 14. Jahrhundert),

Der höchste Punkt von Sancerre bietet dem Besucher einen fantastischen Ausblick auf die Weinberge der Umgebung.

Über dem Rebland liegt
Sancerre auf einem Hügel,
überragt von seinem
Uhrturm (links) und der
Tour des Fiefs (rechts).

der letzte Überrest des Châteaus der Grafen von
Sancerre, von der aus man nach 95 Stufen einen
herrlichen Blick über das Loire-Tal und seine
Weinberge hat. Ebenfalls lohnenswert ist die
Aussicht von der Porte César und den
Befestigungsanlagen der Stadt (Remparts des
Augustins, des Abreuvoirs, des Dames usw.).

Ein Name, ein Wein

„Der Wein ist das wichtigste Erzeugnis und
Handelsgut der Region, die über verschiedene
großartige Weine von vollem Bukett verfügt ...",
schreibt Balzac 1843 in *Die Muse der Provinz*. In der
Tat verdankt die Stadt ihren Wohlstand
weitgehend dem Weinbau, dessen Blütezeit im
11. und 12. Jahrhundert mit dem Aufstieg der
Grafschaft von Sancerre einherging, die 1152 mit
der Aufteilung des Hauses Blois-Champagne
unter den Söhnen von Thibault IV. entstanden
war. Zu Berühmtheit gelangte Sancerre mit
seinem Rotwein, der damals wie noch zu Balzacs
Zeiten aus den Trauben von aus Burgund
importierten Pinot-Noir-Reben gekeltert wurde.
Doch nach der Zerstörung des Rebbestandes
durch die Reblaus Ende des 19. Jahrhunderts
dominiert seit der Wiederbepflanzung der
Sauvignon die Terroirs von Sancerre und den
benachbarten Winzerdörfern mit ihrem so
typischen Charme, seien es Chavignol – seit jeher
sehr renommiert –, Amigny, Bué, Verdigny, Sury-
en-Vaux, Crézancy oder Ménétréol-sous-Sancerre.

Unterhalb von Sancerre
liegt am Ufer eines
Seitenkanals der Loire
Ménétréol-sous-Sancerre,
eines der größeren Dörfer
der Appellation (rechts).

Glossar

ABSTICH

Umpumpen des geklärten Weines in ein leeres Behältnis, um ihn von unerwünschten Bodensätzen zu befreien.

AOC s.

Ursprungsbezeichnungen

AROMA

Charakteristisches Geschmacksbild des Weines

BOTRYTIS CINEREA s.

Edelfäule

CLOS

Eingefriedeter Weinberg

CRU

Frz. für „Gewächs". Im weiteren Sinne verwendet für eine ausgezeichnete Lage oder den Wein daraus. So kann mit „Grand Cru" ein herausragender Wein bezeichnet werden. Im Burgund und im Elsass handelt es sich um eine offizielle Klassifizierung für die besten Lagen.

CUVÉE

Für diesen Begriff gibt es keine eindeutige Definition oder gar eine gesetzliche Norm. Im Allgemeinen versteht man darunter den Verschnitt von qualitativ hochwertigen Weinen diverser Sorten, Lagen und Jahrgänge (Assemblage=Gemisch) zum Endwein. Bei der Schaumwein- oder Champagnerherstellung wird dieser Vorgang als „Cuvée" bezeichnet.

EDELFÄULE

Wird durch den Schimmelpilz *Botrytis cinerea* hervorgerufen. Begünstigt wird sein Auftreten durch ein gemäßigtes Klima und eine feuchtwarme Witterung. Befällt er reife und ansonsten gesunde Trauben, schrumpfen die Beeren ein, werden zunächst grau und dann braun. Dabei büßen sie die Hälfte ihres Gewichts, aber weniger als die Hälfte ihres Zuckergehaltes ein. Ihr Saft ist hochkonzentriert, und sie bringen qualitativ hochwertige, süße Weine hervor. Befällt diese Schimmelart allerdings unreife oder halbreife Trauben, deren Zuckergehalt noch weniger als 70° Öchsle (Mostgewicht) beträgt, wird sie zu einer der gefährlichsten Krankheiten im Weinberg.

GÄRUNG

Zur spontanen Gärung kommt es überall dort, wo bei einer Temperatur zwischen 18 und 27 °C Hefepilze mit wässrigen Zuckerlösungen in Kontakt kommen. Bis zum 19. Jahrhundert hielt man die Gärung für einen natürlichen Zerfall. Erst im Jahr 1857 entdeckte Louis Pasteur, dass am Prozess der Gärung Mikroorganismen beteiligt sind. In der Weinherstellung bezeichnet man als Gärung den Prozess, bei dem der Zucker im Most unter Beigabe von Weinhefe in Alkohol und Kohlendioxid umgewandelt wird.

GERBSTOFFE s.

Tannine

TANNINE

Tannine kommen in vielen Bäumen und Früchten vor und werden seit Jahrtausenden als Gerbstoffe bei der Lederverarbeitung verwendet. Zahlreiche rote Rebsorten enthalten besonders in den Schalen viele Tannine. Diese Gerbstoffe spielen eine wichtige Rolle bei der Alterung von Rotweinen. Gerade bei jungen Weinen sind sie sehr ausgeprägt, doch im Laufe der Weinreife mildert sich der Tanningehalt.

Tannine haben eine adstringierende Wirkung, d.h. sie verursachen ein pelziges Gefühl auf der Zunge.

TERROIR

Im engeren Sinne bezeichnet „Terroir" einen Boden, der sich besonders gut für den Weinanbau eignet. Seit den 1920er-Jahren wird er jedoch vielfach in einer wesentlich umfassenderen Bedeutung verwendet und umschließt alle natürlichen Gegebenheiten des Weinberges. Das Terroir verleiht dem Wein seine besondere und unverwechselbare Charakteristik. Dabei spielt das Zusammenspiel vielerlei Faktoren eine entscheidende Rolle: Klima, Bodenbeschaffenheit und Landschaft, Tages- und Nachttemperaturen, Niederschlagsverteilung, Wasserabzug, Hangneigung, Sonneneinstrahlung, Art der Kultivierung usw. Sie beeinflussen die Biologie des Weinstocks und damit die Zusammensetzung der Traube selbst, und diese entwickelt ihr spezifisches Aroma, das man im Französischen auch mit *goût du terroir* bezeichnet.

URSPRUNGSBEZEICHNUNGEN

In Frankreich werden durch das Nationale Institut für Weine mit Herkunftskontrolle INAO (Institut national des appellations d'origine des vins et des eaux-de-vie) offizielle Ursprungsbezeichnungen und Klassifikationen vergeben. Bei den französischen Weinen unterscheidet man vier Kategorien von Ursprungsbezeichnungen, die auf dem Etikett genannt sein müssen:
1. AOC (Appellation d'origine contrôlée): Strengste Klassifizierung mit genauer Kontrolle von Herkunft der Traubensorten,

Verarbeitungsmethoden und mengenmäßiger Erzeugung. Dabei variiert die Art der Kontrolle von Region zu Region, und jede Region verfolgt ihre eigene Logik. So hat im Burgund in den besten Lagen jede Flur ihre eigene Appellation, während die Appellation Champagne die gesamte Region und daneben auch die Verarbeitungsmethode umfasst.
2. VDQS (Vin délimité de qualité supérieure): Dabei handelt es sich um Wein höherer Qualität aus bestimmten Anbaugebieten. Er unterliegt ähnlich strengen Kontrollen wie die AOCs.
3. Vin de Pays: Diese „Landweine" dürfen nicht verschnitten werden, und ihre Herkunftsregion wird auf dem Etikett genannt. Sie müssen höheren Qualitätsanforderungen genügen als die Tafelweine.
4. Vin de Table: Tafelweine dürfen aus Weinen verschiedener Anbaugebiete verschnitten werden. Das Etikett gibt Auskunft über den Markennamen sowie den Alkoholgehalt.

VDN (VINS DOUX NATURELS)

Natürliche Süßweine, die aus süßem Weinmost mit mindestens 125 Gramm Restzucker und bestimmten Rebsorten unter Hinzufügung von hochgradigem Alkohol hergestellt werden. Alle französischen VDN sind AOC-Weine und haben einen Alkoholgehalt von 15–16%.

VDQS s.

Ursprungsbezeichnungen

VERSCHNITT s.

Cuvée

Adressen

Tel: 05 56 00 22 66
Fax: 05 56 00 22 77
E-Mail: civb@vins-bordeaux.fr
- Syndicat viticole et maison du vin
des Côtes de Blaye:
11 Cours Vauban
33390 Blaye
Tel: 05 57 42 91 19
Fax: 05 57 42 85 28
Winzergenossenschaften:
Union des producteurs de Blaye
Le Piquet
33390 Cars
Tel: 05 57 42 13 15
Fax: 05 57 42 84 92

BONNIEUX
(Provence) – Seite 76
Wichtigste Gemeindeappellationen:
Côtes du Luberon
Fremdenverkehrsinformation:
Office du tourisme
7 Place Carnot
84480 Bonnieux
Tel: 04 90 75 91 90
o. 04 90 75 92 94
Winzergenossenschaften:
Cave de Bonnieux
Quartier de la Gare
84480 Bonnieux
Tel: 04 90 75 80 03
Fax: 04 90 75 98 30

BRIGNOLES
(Provence) – Seite 80
Wichtigste Gemeindeappellationen:
Coteaux Varois; Côtes de Provence
Fremdenverkehrsinformation:
Office du tourisme
10 Rue du Palais
83170 Brignoles
Tel: 04 94 69 27 51
Fax: 04 94 69 44 08
Winzerverbände:
- Syndicat des vignerons du Var
83170 - Brignoles
Tel: 04 94 59 13 58
Fax: 04 94 59 25 20
- Maison des vins coteaux Varois
Abbaye de La Celle
83170 La Celle
Tel: 04 94 69 33 18
Fax: 04 94 59 04 47

CAHORS
(Südwesten) – Seite 116
Wichtigste Gemeindeappellationen:
Cahors
Fremdenverkehrsinformation:
Office du tourisme
Place François-Mitterrand
46000 Cahors
Tel: 05 65 53 20 65
Fax: 05 65 53 20 74
Winzerverbände:
Union interprofessionnelle
du vin de Cahors
430 Av. Jean-Jaurès
46002 Cahors Cedex
Tel: 05 65 23 22 24
Fax: 05 65 23 22 27

Winzergenossenschaften:
Caves des Côtes d'Olt
46140 Parnac
Tel: 05 65 30 71 86
Fax: 05 65 30 35 28

CASSIS
(Provence) – Seite 82
Wichtigste Gemeindeappellationen:
Cassis
Fremdenverkehrsinformation:
Office du tourisme
Quai des Moulins
13260 Cassis
Fax: 04 42 01 28 31
E-Mail: omt@cassis.fr
Winzerverbände:
Syndicat des Vignerons de Cassis
Château de Fontcreuse
Route de la Ciotat
13260 Cassis
Tel: 04 42 01 71 09
Fax: 04 42 01 28 31

CERDON
(Bugey) – Seite 50
Wichtigste Gemeindeappellationen:
Vin du Bugey Cerdon; Vin du Bugey
Fremdenverkehrsinformation:
Office du tourisme
Place Allombert
01450 Cerdon
Tel: 04 74 39 93 02
Winzerverbände:
Syndicat des vins du Bugey
Av. du 133e Régiment-d'Infanterie
01300 Belley
Tel: 04 79 81 30 17
Fax: 04 79 81 55 10

CHABLIS
(Burgund) – Seite 28
Wichtigste Gemeindeappellationen:
Petit Chablis; Chablis;
Chablis Premier Cru;
Chablis Grand Cru
Fremdenverkehrsinformation:
Office du tourisme
1 Rue du Maréchal de Lattre de
Tassigny
89800 Chablis
Tel: 03 86 42 80 80
Fax: 03 86 42 49 71
Winzerverbände:
Bureau Interprofessionnel des Vins
de Bourgogne (Chablis/Auxerrois)
Le Petit Pontigny
1 Rue de Chichée BP - 31
89800 Chablis Cedex
Tel: 03 86 42 42 22
Fax: 03 86 42 80 16
E-Mail: bivb.Chablis@bivb.com
Winzergenossenschaften:
La Chablisienne
8 Blvd Pasteur - BP 14
89800 Chablis
Tel: 03 86 42 89 89
Fax: 03 86 42 89 90

CHÂTEAU-CHALON
(Jura) – Seite 48
Wichtigste Gemeindeappellationen:
Château-Chalon; Côtes du Jura
Fremdenverkehrsinformation:
Mairie/Office du tourisme:
Rue St Jean
39210 Château-Chalon
Tel: 03 84 44 62 90

CHÂTEAUNEUF-DU-PAPE
(Rhône-Tal) – Seite 56
Wichtigste Gemeindeappellationen:
Châteauneuf-du-Pape;
Côtes du Rhône
Fremdenverkehrsinformation:
Office du tourisme
Place du Portail
84230 Châteauneuf-du-Pape
Tel: 04 90 83 71 08
Fax: 04 90 83 50 34
E-Mail: tourisme-chato9-
pape@wanadoo.fr
Winzerverbände:
- Fédération de producteurs
de Châteauneuf-du-Pape
12 Avenue Pasteur - BP 12
84231 Châteauneuf-du-Pape Cedex
Tel: 04 90 83 72 21
Fax: 04 90 83 70 01
www.chateauneuf.com
- SIDVAOC (Syndicat
intercommunal
de défense viticole de l'appellation
d'origine contrôlée)
Institut Rhodanien
2260 Route du Grès
84100 Orange
Tel: 04 90 11 46 23
Fax: 04 90 11 46 24
Haus der Weine:
Vinadéa
8, Rue Maréchal-Foch
84232 Châteauneuf-du-Pape
Tel/Fax: 04 90 83 70 69
www.vinadea.com
Museen:
Musée du Vin
Route d'Avignon
84231 Châteauneuf-du-Pape
Tel: 04 90 83 70 07
Fax: 04 90 83 74 34
E-Mail: musee@brotte.com

CHEVERNY
(Loire-Tal) – Seite 144
Wichtigste Gemeindeappellationen:
Cheverny; Cour-Cheverny; Touraine
Fremdenverkehrsinformation:
Office du tourisme
12 Rue Chêne-des-Dames
41700 Cheverny
Tel: 02 54 79 95 63
Fax: 02 54 79 23 90

CHIGNIN
(Savoyen) – Seite 54
Wichtigste Gemeindeappellationen:
Vin de Savoie Chignin;
Vin de Savoie Chignin-Bergeron;
Vin de Savoie

Fremdenverkehrsinformation:
Mairie/Office du tourisme:
Chef Lieu
73800 Chignin
Tel: 04 79 28 10 12
Fax: 04 79 28 01 36
Winzerverbände:
Comité interprofessionnel
des vins de Savoie
3 Rue du Château
73000 Chambéry
Tel: 04 79 33 44 16
Fax: 04 79 85 92 47

CHINON
(Loire-Tal) – Seite 146
Wichtigste Gemeindeappellationen:
Chinon
Fremdenverkehrsinformation:
Office du tourisme
Place Hofheim
37500 Chinon
Tel: 02 47 93 17 85
Fax: 02 47 93 93 05
Museen:
Musée animé du Vin
et de la Tonnellerie
12 Rue Voltaire
37500 Chinon
Tel: 02 47 93 25 63

COLLIOURE
(Roussillon) – Seite 108
Wichtigste Gemeindeappellationen:
Collioure; Banyuls;
Muscat de Rivesaltes
Fremdenverkehrsinformation:
Office du tourisme
Place du 18-Juin
66190 Collioure
Tel: 04 68 82 15 47
Fax: 04 68 82 46 29
Winzerverbände:
Syndicat du cru Collioure
Mas Reig
66650 Banyuls-sur-Mer
Tel: 04 68 88 72 92
Fax: 04 68 88 72 94
E-Mail: cru.banyuls@wanadoo.fr
Winzergenossenschaften:
Le Cellier des Dominicains
Place Orphila
66190 Collioure
Tel: 04 68 82 05 63
Fax: 04 68 82 43 06
E-Mail: le-dominicain@wanadoo.fr

CONDRIEU
(Rhône-Tal) – Seite 60
Wichtigste Gemeindeappellationen:
Condrieu; Côtes du Rhône
Fremdenverkehrsinformation:
Office du tourisme
Place du Séquoia
69420 Condrieu
Tel: 04 74 56 62 83
Fax: 04 74 56 65 85
E-Mail: otcondrieu@wanadoo.fr

EGUISHEIM

(Elsass) – Seite 16

Wichtigste Gemeindeappellationen:
Alsace Grand Cru Eichberg;
Alsace Grand Cru Pfersigberg;
Alsace Riesling; Alsace
Gewurztraminer;
Alsace Tokay-Pinot Gris;
Alsace Pinot Noir; Alsace Muscat

Fremdenverkehrsinformation:
Office du tourisme
22A Grande Rue
68420 Eguisheim
Tel: 03 89 23 40 33
Fax: 03 89 41 86 20
www.ot-eguisheim.fr

Winzerverbände:
- Conseil interprofessionnel
des vins d'Alsace
Maison des vins d'Alsace
12 Av. de la Foire-aux-Vins
68012 Colmar Cedex
Tel: 03 89 20 16 20
Fax: 03 89 20 16 30
- Syndicat des vignerons
Récoltants d'Alsace
Rue Jean-Mermoz
68015 Colmar Cedex
Tel: 03 89 41 97 41
Fax: 03 89 23 01 97
E-Mail: virginie@civa.fr

Winzergenossenschaften:
Cave vinicole Wolfberger
6 Grande-Rue
68420 Eguisheim
Tel: 03 89 22 20 20
Fax: 03 89 23 47 09

FRONSAC

(Bordeaux) – Seite 128

Wichtigste Gemeindeappellationen:
Fronsac; Canon-Fronsac

Fremdenverkehrsinformation:
Mairie/Office du tourisme:
8 Rue Général-de-Gaulle
33126 Fronsac
Tel: 05 57 51 30 20
Fax: 05 57 51 60 35

Winzerverbände:
- Conseil interprofessionnel
des vins de Bordeaux
1 Cours du 30-Juillet
33075 Bordeaux Cedex
Tel: 05 56 00 22 66
Fax: 05 56 00 22 77
E-Mail: civb@vins-bordeaux.fr
- Syndicat viticole
et Maison du vin de Fronsac
et Canon-Fronsac
Plaisance - 33126 Fronsac
Tel: 05 57 51 80 51
Fax: 05 57 25 98 19

GAILLAC

(Südwesten) – Seite 118

Wichtigste Gemeindeappellationen:
Gaillac; Premières Côtes de Gaillac

Fremdenverkehrsinformation:
Office du tourisme
Abbaye St-Michel
81600 Gaillac

Tel: 05 63 57 14 65
Fax: 05 63 57 61 37

Winzerverbände:
Comité interprofessionnel
des vins de Gaillac
Maison de la vigne et du vin
81600 Gaillac
Tel: 05 63 57 15 40
Fax: 05 63 57 20 01
E-Mail: civg@vins-gaillac.com

GIGONDAS

(Rhône-Tal) – Seite 62

Wichtigste Gemeindeappellationen:
Gigondas; Côtes du Rhône

Fremdenverkehrsinformation:
Office du tourisme
Place du Portail
84190 Gigondas
Tel: 04 90 65 85 46
Fax: 04 90 65 88 42

Winzergenossenschaften:
Cave des vignerons de Gigondas
84190 Gigondas
Tel: 04 90 65 86 27
Fax: 04 90 65 80 13

GRIGNAN

(Rhône-Tal) – Seite 66

Wichtigste Gemeindeappellationen:
Coteaux du Tricastin

Fremdenverkehrsinformation:
Office du tourisme
Chef-lieu du Canton
Place du Jeu du Ballon- BP - 26230
26230 Grignan
Tel: 04 75 46 56 75
Fax: 04 75 46 55 89

Winzerverbände:
Syndicat des vignerons
des Coteaux du Tricastin
Grande Rue
26230 Grignan
Tel: 04 75 46 55 96
Fax: 04 75 46 56 05

HAUTVILLERS

(Champagne) – Seite 12

Wichtigste Gemeindeappellationen:
Champagne; Coteaux Champenois

Fremdenverkehrsinformation:
Office du tourisme
Place de la Republique
51160 Hautvillers
Tel: 03 26 57 06 35
Fax: 03 26 51 72 66

Winzerverbände:
- Comité interprofessionnel
du vin de Champagne
5 Rue Henri-Martin - BP 135
51200 Épernay Cedex
Tel: 03 26 54 47 20
Fax: 03 26 55 49 79
www.champagne.fr
- Syndicat général
des vignerons de la Champagne
44 Av. Jean-Jaurès - BP 176
51205 Épernay Cedex
Tél. 03 26 59 55 00
Fax: 03 26 54 97 27
www.champagne-vignerons.fr

- Union des maisons de Champagne
1 Rue Marie-Stuart
51081 Reims
Tel: 03 26 47 26 89
Fax: 03 26 47 48 44
www.umc.fr

Museen:
Musée de l'abbaye d'Hautvillers
Rue de Cumières
51160 Hautvillers
(Moët et Chandon, Besuch nach
Vereinbarung)
Tel: 03 26 51 20 00

IRANCY

(Burgund) – Seite 30

Wichtigste Gemeindeappellationen:
Irancy

Fremdenverkehrsinformation:
Mairie/Office du tourisme:
89290 Irancy

Winzerverbände:
Bureau interprofessionnel des vins
de Bourgogne (Chablis/Auxerrois)
Le Petit Pontigny
1 Rue de Chichée BP31
89800 Chablis
Tel: 03 86 42 42 22
Fax: 03 86 42 80 16
E-Mail: bivb@wanadoo.fr

IROULÉGUY

(Südwesten) – Seite 122

Wichtigste Gemeindeappellationen:
Irouléguy

Fremdenverkehrsinformation:
Mairie/Office du tourisme:
64220 Irouléguy
Tel: 05 59 37 17 96

Winzerverbände:
Syndicat des vignerons AOC
Irouléguy
64430 Irouléguy
Tel: 05 59 37 41 33
Fax: 05 59 37 47 76

Winzergenossenschaften:
Les Maîtres Vignerons d'Irouléguy
Route de St-Jean-Pied-de-Port
64430 St-Étienne-de-Baïgorry
Tel: 05 59 37 41 33
Fax: 05 59 37 47 76

KIENTZHEIM

(Elsass) – Seite 18

Wichtigste Gemeindeappellationen:
Alsace Grand Cru Schlossberg;
Alsace Grand Cru Furstentum;
Alsace Riesling; Alsace
Gewurztraminer; Alsace Tokay-Pinot
Gris; Alsace Pinot Noir; Alsace
Muscat

Fremdenverkehrsinformation:
Mairie/Office du tourisme:
13, Grand'Rue
68240 Kientzheim
Tel: 03 89 47 12 62
Fax: 03 89 78 14 65

Winzerverbände:
- Syndicat des vignerons Récoltants
d'Alsace
Rue Jean-Mermoz

68015 Colmar Cedex
Tel: 03 89 41 97 41
Fax: 03 89 23 01 97
- Conseil interprofessionnel
des vins d'Alsace
Maison des vins d'Alsace
12 Av. de la Foire-aux-Vins
68012 Colmar Cedex
Tel: 03 89 20 16 20
Fax: 03 89 20 16 30
www.vinalsace.com

Winzergenossenschaften:
Cave de Kientzheim-Kaysersberg
10 Rue des Vieux-Moulins
68240 Kientzheim
Tel: 03 89 47 13 19
Fax: 03 89 47 34 38

Museen:
Musée du Vignoble
et des Vins d'Alsace
Château - Confrérie St-Étienne
1 bis, Grand'Rue
68240 Kientzheim
Tel: 03 89 78 21 36

LAGRASSE

(Languedoc) – Seite 96

Wichtigste Gemeindeappellationen:
Corbières

Fremdenverkehrsinformation:
Office du tourisme
6 Blvd de la Promenade
11220 Lagrasse
Tel: 04 68 43 11 56
Fax: 04 68 43 16 34
E-Mail: info@lafrasse.com
www.lagrasse.com

MADIRAN

(Südwesten) – Seite 124

Wichtigste Gemeindeappellationen:
Madiran, Pacherenc du Vic Bilh

Fremdenverkehrsinformation:
Mairie/Office du tourisme:
34 Route du Vignoble
65700 Madiran
Tel: 05 62 31 98 09
Fax: 05 62 31 90 09

Winzerverbände:
Syndicat des vignerons AOC
de Madiran
65700 Madiran
Tel: 05 62 31 90 67
Fax: 05 62 31 90 79

Winzergenossenschaften:
Les Vignerons du Vic Bilh Madiran
64350 Crouseilles
Tel: 05 59 68 10 93
Fax: 05 59 68 14 33

MARGAUX

(Bordelais) – Seite 130

Wichtigste Gemeindeappellationen:
Margaux; Haut Médoc; Bordeaux

Fremdenverkehrsinformation:
Office du tourisme
Maison du vin et
du tourisme de Margaux
Place de la Trémoille
33460 Margaux
Tel: 05 57 88 70 82

Fax: 05 57 88 38 27
Winzerverbände:
- Conseil interprofessionnel
des vins de Bordeaux
1 Cours du 30-Juillet
33075 Bordeaux Cedex
Tel: 05 56 00 22 66
Fax: 05 56 00 22 77
E-Mail: civb@vins-bordeaux.fr
- Maison du vin et du tourisme
et syndicat viticole de Margaux
Place de la Tremoille
33460 Margaux
Tel: 05 57 88 70 82
Fax: 05 57 88 38 27

MÉNERBES

(Provence) – Seite 86
Wichtigste Gemeindeappellationen:
Côtes du Luberon
Fremdenverkehrsinformation:
Mairie/Office du tourisme:
Place de l'Horloge
84560 Ménerbes
Tel: 04 90 72 22 05
Fax: 04 90 72 48 13
Museen:
Musée du Tire-Bouchon
Route de Cavaillon
84560 Ménerbes
Tel: 04 90 72 41 58
Fax: 04 90 72 41 59

MINERVE

(Languedoc) – Seite 100
Wichtigste Gemeindeappellationen:
Minervois
Fremdenverkehrsinformation:
Mairie/Office du tourisme:
2 Rue des Remparts
34210 Minerve
Tél. / Fax: 04 68 91 22 92
Winzerverbände:
Syndicat du cru Minervois
Château de Siran
34210 Siran
Tel: 04 68 27 80 00
Fax: 04 68 27 80 01

MONTMARTRE

(Paris) – Seite 8
Wichtigste Gemeindeappellationen:
Clos Montmartre (hors commerce,
vendu aux enchères au profit des
œuvres
de la Commune libre de
Montmartre)
Fremdenverkehrsinformation:
Office du tourisme
Syndicat d'initiative de Montmartre
21 Place du Tertre
75018 Paris
Tel: 01 42 62 21 21
Fax: 01 42 62 60 68

OINGT

(Beaujolais) – Seite 42
Wichtigste Gemeindeappellationen:
Beaujolais; Beaujolais-Villages
Fremdenverkehrsinformation:
Mairie/Office du tourisme:

Rue Paul-Causeret
69620 Oingt
Tel: 04 74 71 21 24
Fax: 04 74 71 15 50
Winzerverbände:
Inter Beaujolais
210 Blvd Vermorel
69400 Villefranche
Tel: 04 74 02 22 10
Fax: 04 74 02 22 19
E-Mail:
interbeaujolais@beaujolais.net
Winzergenossenschaften:
Cave des vignerons du Doury
69620 Le Bois-d'Oingt
Tel: 04 74 71 30 52
Fax: 04 74 71 35 28

PATRIMONIO

(Korsika) – Seite 94
Wichtigste Gemeindeappellationen:
Patrimonio; Muscat du Cap Corse
Fremdenverkehrsinformation:
Mairie /Office du tourisme:
Le Village
20253 Patrimonio
Tel: 04 95 37 08 49
Fax: 04 95 37 05 78
Winzerverbände:
Comité intersyndical
des vins de Corse
Place St-Nicholas
7, Blvd du Général de Gaulle
20200 Bastia
Tel: 04 95 32 91 32
Fax: 04 95 32 87 81

PERNAND-VERGELESSES

(Burgund) – Seite 34
Wichtigste Gemeindeappellationen:
Pernand-Vergelesses;
Pernand-Vergelesses Premier Cru;
Corton; Corton-Charlemagne;
Fremdenverkehrsinformation:
Mairie/Office du tourisme:
Village de Pernand
21420 Pernand-Vergelesses
Tel: 03 80 21 57 05
Fax: 03 80 26 13 67
Winzerverbände:
Bureau interprofessionnel
des vins de Bourgogne
12 Blvd Bretonnière
21204 Beaune Cedex
Tel: 03 80 25 04 80
Fax: 03 80 25 04 90
E-Mail: bivb@wanadoo.fr

RICEYS [LES]

(Champagne) – Seite 14
Wichtigste Gemeindeappellationen:
Rosé des Riceys; Champagne;
Coteaux Champenois
Fremdenverkehrsinformation:
Office du tourisme
14 Place des Héros-de-la-Résistance
10340 Les Riceys-Haut
Tel: 03 25 29 15 38
Winzerverbände:
- Comité interprofessionnel
du vin de Champagne

5 Rue Henri-Martin - BP 135
51204 Épernay Cedex
Tel: 03 26 51 19 30
Fax: 03 26 55 19 79
www.champagne.fr
- Syndicat général des vignerons
de la Champagne
44 Av. Jean-Jaurès
BP 176
51205 Épernay Cedex
Tel: 03 26 59 55 00
Fax: 03 26 54 97 27
www.champagnesdevignerons.fr
- Union des maisons de Champagne
1 Rue Marie-Stuart – BP 2185
51081 Reims Cedex
Tel: 03 26 47 26 89
Fax: 03 26 47 48 44
www.umc.fr

RIQUEWIHR

(Elsass) – Seite 20
Wichtigste Gemeindeappellationen:
Alsace Grand Cru Schoenenbourg;
Alsace Grand Cru Sporen;
Alsace Riesling; Alsace
Gewurztraminer; Alsace Tokay-Pinot
Gris; Alsace Pinot Noir; Alsace
Muscat
Fremdenverkehrsinformation:
Office du tourisme
2 Rue de la Première-Armée-
Française
68340 Riquewihr
Tel: 03 89 49 08 40
Fax: 03 89 49 08 49
Winzerverbände:
- Syndicat des vignerons
récoltants d'Alsace
Rue Jean-Mermoz
68015 Colmar Cedex
Tel: 03 89 41 97 41
Fax: 03 89 23 01 97
- Conseil Interprofessionnel
des vins d'Alsace
Maison des vins d'Alsace
12, av. de la Foire-aux-Vins
68012 Colmar Cedex
Tel: 03 89 20 16 20
Fax: 03 89 20 16 30
www.vinsalsace.com

ROQUEBRUN

(Languedoc) – Seite 102
Wichtigste Gemeindeappellationen:
St-Chinian
Fremdenverkehrsinformation:
Office du tourisme
Avenue des Orangers
34460 Roquebrun
Tel: 04 67 89 79 97
E-Mail:
otroquebrun@bechamail.com
Winzergenossenschaften:
Cave de Roquebrun
Avenue des Orangers
34460 Roquebrun
Tel: 04 67 89 64 35
Fax: 04 67 89 57 93

ST-ÉMILION

(Bordelais) – Seite 132
Wichtigste Gemeindeappellationen:
St-Émilion; St-Émilion Grand Cru;
St-Émilion Grand Cru Classé;
St-Émilion Premier Grand Cru
Classé
Fremdenverkehrsinformation:
Office du tourisme
Place des Créneaux
33330 St-Émilion
Tel: 05 57 55 28 28
Fax: 05 57 55 28 29
Winzerverbände:
- Conseil Interprofessionnel
des vins de Bordeaux
1 Cours du 30-Juillet
33075 Bordeaux Cedex
Tel: 05 56 00 22 66
Fax: 05 56 00 22 77
E-Mail: civb@vins-bordeaux.fr
- Le Collège des vins
de St-Émilion
Rue Guadet - BP 15
33330 St-Émilion
Tel: 05 57 55 50 52
Fax: 05 57 55 53 10
Winzergenossenschaften:
- Union de producteurs
de St-Émilion
1 Rue Goudichaux
33330 St-Émilion
Tel: 05 57 24 70 71
Fax: 05 57 24 65 18
- Cave de Puisseguin
Lussac St-Émilion
33570 Lussac
Tel: 05 57 55 50 40
Fax: 05 57 74 57 43
Museen:
Musée de la Bouteille
2 Rue du Couvent
33330 St-Émilion
Tel: 05 57 24 70 20

ST-MACAIRE

(Bordelais) – Seite 136
Wichtigste Gemeindeappellationen:
Côte de Bordeaux St-Macaire;
Bordeaux
Fremdenverkehrsinformation:
Office du tourisme
8 Rue du Canton
33490 St-Macaire
Tel: 05 56 63 32 14
Fax: 05 56 76 13 24
Winzerverbände:
Conseil interprofessionnel
des vins de Bordeaux
1 Cours du 30-Juillet
33075 Bordeaux Cedex
Tel: 05 56 00 22 66
Fax: 05 56 00 22 77
E-Mail: civb@vins-bordeaux.fr
Winzergenossenschaften:
Cave des Côtes
de Bordeaux St-Macaire
33490 St-Pierre-Aurillac
Tel: 05 56 63 54 84
Fax: 05 56 62 37 94

Bildnachweis

- Archipel studio: Seiten 16b, 26b, 42b, 52b, 54b, 56a, 60b, 66, 69, 82b, 104, 110b, 116a, 126b, 128b, 138b, 150
- Nicole Colin: Karte Seite 4
- DIAF

G. Biolay: Seiten 120;
Tristan Deschamps: Seiten 158–159;
Jean-Paul Garcin: Seiten 63, 102–103, 109, 110a;
J.-C. Gérard: Seiten 32–33;
Gérard Gsell: Seiten 88–89;
Rosine Mazin: Seiten 64–65;
Camille Moirenc: Seiten 62, 70–71, 77, 87;
Erwan Quemere: Seiten 98–99;
Jacques Sierpinski: Seiten 6, 48a, 54a, 97, 119;
Patrick Somelet: Seiten 54–55;
Jean-Daniel Sudres: Seiten 28–29, 43, 142, 142–143, 145, 152–153, 154–155;
Daniel Thierry: Seiten 31, 36–37, 39

- Friedrich Gier: Seiten 24, 25, 26a, 26–27, 34–35, 38, 146–147, 149, 160
- Vincent Lyky: Seiten 8b, 14, 46b, 48b
- Musée du tire-bouchon: Seite 86a
- Jacques Veyroust: Seite 28a

- SCOPE

Louis Audoubert: Seite 123;
Jean-Luc Barde: Seiten 17, 40, 41, 42a, 44ab, 45, 50–51, 52a, 52–53, 68, 94–95, 96, 104–105, 106–107, 108–109, 111, 112–113, 113, 114, 114–115, 116b, 117, 118, 120–121, 122, 124, 125, 130, 132–133, 134ab, 134–135, 138a, 156, 157;
Philippe Blondel: Seiten 36, 66–67, 140, 154;
Isabelle Eshraghi: Seiten 8a, 9;
Daniel Gorgeon: Seiten 82–83;
Michel Gotin: Seiten 14–15;
Jacques Guillard: Seiten 10b, 11, 12ab, 12–13, 16a, 18, 18–19, 20, 20–21, 21, 22–23, 28b, 29, 30–31, 35, 46, 47, 49, 50, 56b, 57, 58–59, 60a, 61, 68–69, 72, 72–73, 74, 75, 76, 78–79, 80, 81, 82a, 84–85, 86b, 90, 91, 92–93, 100, 100–101, 102, 143, 144a, 148, 150–151, 152, 160–161;
Michel Guillard: Seiten 10a, 126a, 126–127, 128a, 128–129, 131, 132, 136–137, 138–139, 144b, 158;
Noël Hautemanière: Seite 105;
Francis Jalain: Seite 147;
Michel Plassard: Seite 141

St-Pourçain-sur-Sioule
(Zentralfrankreich) – Seite 156
Wichtigste Gemeindeappellationen:
St-Pourçain
Fremdenverkehrsinformation:
Office du tourisme
13 Place Maréchal Foch
03500 St-Pourçain-sur-Sioule
Tel: 04 70 45 94 30
Fax: 04 70 45 94 05
Winzergenossenschaften:
Union des vignerons
de St-Pourçain
Quai de la Ronde - BP 27
03500 St-Pourçain-sur-Sioule
Tel: 04 70 45 42 82
Fax: 04 70 45 99 34
Museen:
Musée de la Vigne et du Terroir
1, Cour des Bénédictins
03500 St-Pourçain-sur-Sioule
Tel: 04 70 45 62 07

St-Roman-de-Bellet
(Nizza) – Seite 90
Wichtigste Gemeindeappellationen:
Bellet
Fremdenverkehrsinformation:
Office du tourisme
Aéroport Nice Côte Azur
06200 Nice

Sancerre
(Zentralfrankreich) – Seite 158
Wichtigste Gemeindeappellationen:
Sancerre
Fremdenverkehrsinformation:
Office du tourisme
Nouvelle Place - 18300 Sancerre
Tel: 02 48 54 08 21
Fax: 02 48 78 03 58
E-Mail: ot.sancerre@wanadoo.fr
Winzerverbände:
- Bureau Interprofessionnel
des vins du Centre
9 Route de Chavignol
18300 Sancerre
Tel: 02 48 78 51 07
Fax: 02 48 78 51 08
E-Mail: bivc@wanadoo.fr
- UVS (Union viticole sancerroise)
9 Route de Chavignol
18300 Sancerre
Tel: 02 48 78 51 03
Fax: 02 48 78 51 04
E-Mail: uvs@wanadoo.fr
Winzergenossenschaften:
La Cave des vins de Sancerre
Avenue de Verdun
18300 Sancerre
Tel: 02 48 54 19 24
Fax: 04 48 54 16 44

Saumur
(Loire-Tal) – Seite 148
Wichtigste Gemeindeappellationen:
Saumur; Saumur-Champigny;
Coteaux de Saumur; Saumur Brut;
Crémant de Loire; Anjou
Fremdenverkehrsinformation:
Office du tourisme

Place Bilange – BP 241
49418 Saumur
Tel: 02 41 40 20 60
Fax: 02 41 40 20 69
Winzerverbände:
- Syndicat des Coteaux de Saumur
25 Rue de la Paleine
49260 St-Cyr-en-Bourg
Tel: 02 41 51 61 04
Fax: 02 41 51 65 34
- Syndicat d'appellation Saumur
Rouge
1 Rue des Ducs-d'Aquitaine
49260 Le Puy-Notre-Dame
Tel: 02 41 52 24 46
Fax: 02 41 52 39 96
Winzergenossenschaften:
Les Vignerons de Saumur
Route du Mureau
49260 St-Cyr-en-Bourg
Tel: 02 41 53 06 08
Fax: 02 41 51 69 13

Sauternes
(Bordelais) – Seite 138
Wichtigste Gemeindeappellationen:
Sauternes
Fremdenverkehrsinformation:
Office du tourisme
11 Rue Principale
33210 Sauternes
Tel: 05 56 76 69 13
Fax: 05 57 31 00 67
Winzerverbände:
- Conseil interprofessionnel
des vins de Bordeaux
1 Cours du 30-Juillet
33075 Bordeaux Cedex
Tel: 05 56 00 22 66
Fax: 05 56 00 22 77
E-Mail: civb@vins-bordeaux.fr
- Syndicat Viticole de Sauternes
Place de la Mairie
33210 Sauternes
Tel: 05 56 76 60 37
Fax: 05 56 76 69 67

Savennières
(Loire-Tal) – Seite 152
Wichtigste Gemeindeappellationen:
Savennières;
Savennières Coulée de Serrant;
Savennières Roche-aux-Moines;
Anjou; Anjou-Villages
Fremdenverkehrsinformation:
Mairie/Office du tourisme:
4 Rue de la Cure
49170 Savennières
Tel: 02 41 72 85 00
Winzerverbände:
Syndicat des Producteurs
des vins de Savennières
Château d'Épire
49170 Savennières
Tel: 02 41 77 15 01
Fax: 02 41 77 16 23

Séguret
(Rhône-Tal) – Seite 68
Wichtigste Gemeindeappellationen:
Côtes du Rhône-Villages Séguret;

Côtes du Rhône
Fremdenverkehrsinformation:
Mairie/Office du tourisme:
Rue des Poternes
84110 Séguret
Tel: 04 90 46 91 06
Fax: 04 90 46 82 33
Winzerverbände:
Comité Interprofession des vins
AOC
Côtes du Rhône et Vallée du Rhône
Hôtel du Marquis de Rochegude
6 Rue des Trois-Faucons
84024 Avignon
Tel: 04 90 27 24 00
Fax: 04 90 27 24 09
E-Mail: maison@vivarhone.com
Winzergenossenschaften:
Les Vignerons de Roaix-Séguret
84110 Séguret
Tel: 04 90 46 91 13
Fax: 04 90 46 94 59

Solutré-Pouilly
(Mâconnais) – Seite 40
Wichtigste Gemeindeappellationen:
Pouilly-Fuissé; Mâcon; Mâcon-
Villages
Fremdenverkehrsinformation:
Mairie / Office du tourisme:
Le Bourg
71960 Solutré-Pouilly
Tel: 03 85 35 81 90
Fax: 03 85 35 88 07
Winzerverbände:
Syndicat du cru Pouilly-Fuissé
71960 Solutré-Pouilly
Tel: 03 85 35 81 88
Fax: 03 85 35 82 92

Vaux-en-Beaujolais
(Beaujolais) – Seite 44
Wichtigste Gemeindeappellationen:
Beaujolais; Beaujolais-Villages
Fremdenverkehrsinformation:
Mairie / Office du tourisme:
Le Bourg
69460 Vaux-en-Beaujolais
Tel: 04 74 03 20 07
Fax: 04 74 03 26 54
Winzerverbände:
Inter Beaujolais
210, Blvd Vermorel
69661 Villefranche Cedex
Tel: 04 74 02 22 10
Fax: 04 74 02 22 19
E-Mail:
interbeaujolais@beaujolais.net
Museen
Musée de la Vigne et du Vin:
Cave de Clochemerle
69460 Vaux-en-Beaujolais
Tel: 04 74 03 26 58

Vézelay
(Burgund) – Seite 36
Wichtigste Gemeindeappellationen:
Bourgogne Vézelay; Bourgogne
Fremdenverkehrsinformation:
Office du tourisme

Rue St-Étienne
89450 Vézelay
Tel: 03 86 33 23 69
Fax: 03 86 33 34 00
Winzerverbände:
Bureau Interprofessionnel des Vins
de Bourgogne (Chablis/Auxerrois)
Le Petit Pontigny
1 Rue de Chichée BP - 31
89800 Chablis Cedex
Tel: 03 86 42 42 22
Fax: 03 86 42 80 16
E-Mail: bivb.Chablis@bivb.com
Winzergenossenschaften:
La Vézelienne
89450 Vézelay
Tel: 03 86 33 29 62
Fax: 03 86 33 35 03

Vougeot
(Burgund) – Seite 38
Wichtigste Gemeindeappellationen:
Clos de Vougeot
Fremdenverkehrsinformation:
Mairie/Office du tourisme:
Rue du Vieux-Château
21640 Vougeot
Tel: 03 80 62 86 14
Fax: 03 80 62 82 99
Museen:
Château du Clos de Vougeot
Rue de la Montagne
21640 Vougeot
Tel: 03 80 62 86 09

Vouvray
(Loire-Tal) – Seite 154
Wichtigste Gemeindeappellationen:
Vouvray; Vouvray Pétillant
Fremdenverkehrsinformation:
Mairie/Office du tourisme:
12 Route Rabelais
37210 Vouvray
Tel: 02 47 52 70 48
Fax: 02 47 52 67 76
Winzerverbände:
Syndicat viticole du Vouvray
Vallée Chartier
37210 Vouvray
Tel: 02 47 52 63 07
Fax: 02 47 52 65 59
Winzergenossenschaften:
Cave des Producteurs de Vouvray
38 Vallée Coquette
37210 Vouvray
Tel: 02 47 52 75 03
Fax: 02 47 52 66 41